社会治理现代化上海实践丛书

“三会”制度
基层协商民主的本土实践

——基于上海市黄浦区五里桥街道的案例研究

上海市黄浦区五里桥街道办事处
华东理工大学社会科学高等研究院 编

華東理工大學出版社
EAST CHINA UNIVERSITY OF SCIENCE AND TECHNOLOGY PRESS
·上海·

图书在版编目(CIP)数据

"三会"制度：基层协商民主的本土实践：基于上海市黄浦区五里桥街道的案例研究/上海市黄浦区五里桥街道办事处，华东理工大学社会科学高等研究院编.—上海：华东理工大学出版社，2021.12

ISBN 978-7-5628-6755-5

Ⅰ.①三… Ⅱ.①上… ②华… Ⅲ.①民主协商—案例—研究—上海 Ⅳ.①D625.51

中国版本图书馆CIP数据核字(2021)第276847号

内容提要

缘起于上海市黄浦区五里桥街道的"三会"制度是中国基层协商民主的伟大实践和本土经验，彰显了中国特色社会主义民主制度的优越性，对解决基层社会治理难题具有重要的参考价值。本书从学理上分析了协商民主的理论意蕴，系统梳理了上海市黄浦区五里桥街道"三会"制度的发展历程，详细介绍了"三会"制度的具体操作流程和方法。在此基础上，本书通过八个具体案例介绍了"三会"制度的实践过程及其治理效果。

策划编辑 / 刘　军
责任编辑 / 刘　军
装帧设计 / 徐　蓉
出版发行 / 华东理工大学出版社有限公司
地址：上海市梅陇路130号，200237
电话：021-64250306
网址：www.ecustpress.cn
邮箱：zongbianban@ecustpress.cn
印　　刷 / 上海盛通时代印刷有限公司
开　　本 / 710 mm×1000 mm　1/16
印　　张 / 9.25
字　　数 / 125千字
版　　次 / 2021年12月第1版
印　　次 / 2021年12月第1次
定　　价 / 68.00元

序

人民民主是中国社会主义民主制度的本质和核心。党的十八大以来，党中央不断深化中国社会主义民主的理论与实践，提出全过程人民民主的重要理念。党的十九届六中全会明确指出，“积极发展全过程人民民主，健全全面、广泛、有机衔接的人民当家作主制度体系，构建多样、畅通、有序的民主渠道，丰富民主形式，从各层次各领域扩大人民有序政治参与，使各方面制度和国家治理更好体现人民意志、保障人民权益、激发人民创造”。全过程人民民主是一个完整的制度链条，是全覆盖、全领域、全周期的民主，包含了民主选举、民主协商、民主决策、民主管理和民主监督等环节，从而能在制度上保障人民当家作主的权利得以完整和充分的实现。

协商民主是“中国社会主义民主政治中独特的、独有的、独到的民主形式”，具有深厚的文化基础、理论基础、实践基础和制度基础。因此，深刻理解和践行社会主义协商民主是中国社会治理现代化的重要方向。中国社会主义协商民主是一个复杂的体系，包含了政党协商、人大协商、政府协商、政协协商、人民团体协商、基层协商和社会组织协商等多个协商渠道。在这一协商体系中，基层协商是协商民主的重要组成部分，是基层民主政治的主要实践形式。这是因为基层是人民群众生产生活的场域，也是国家和社会治理的阵地，基层是各种利益的交汇点，也是很多社会矛盾的爆燃点，因而通过民主协商的方式将社会矛盾化解在基层是社会治理现代化的必然要求。

围绕基层协商，各地形成了很多有益的探索，如浙江温岭的民主恳谈会、浙江绍兴的枫桥经验等。而孕育于上海市黄浦区五里桥街道的“三会”

制度是中国城市基层协商民主的伟大实践，它是适应新时期经济社会发展需要的治理创新探索，是上海市基层社会治理创新的典范。第一，“三会”制度将自上而下的党的精神和有关政策与自下而上的人民群众的政治参与有机结合起来，实现了党的领导与人民当家作主的有机统一。第二，在多元化的利益社会中，“三会”制度在分歧中寻求共识，实现了整体性利益和个体性诉求的有机统一。第三，“三会”制度面对的是基层群众生活中的各种问题。这些问题包含情感、关系和利益等各种因素。第四，“三会”制度通过完整的制度程序和参与实践，保证人民在日常政治生活中有广泛、持续、深入参与的权利，因此它是生活逻辑和制度逻辑的有机统一。

“三会”制度是具有持久生命力和广泛适用性的本土经验。自1999年起，上海市黄浦区五里桥街道在居民区工作的基础上积极探索，在全市首创以“听证会、协调会、评议会”为主要内容的“三会”制度，并在实践中深化形成与“三会”配套的“公示制、责任制、承诺制”，再到在“三会”前增设“议题征询会、民主恳谈会和监督合议会”等。20多年来，城市社区治理发生了深刻转型，其间也形成了各种治理品牌和创新做法，但却很少有治理实践能够一直持续。“三会”制度则是在不断发展和完善中形成了一套行之有效的流程和方法，并且在上海其他区的社区广泛实践，如浦东新区更是在全区开展“三会”实训。在本案例集里，“三会”制度被广泛应用于加装电梯、物业管理、环境整治、小区拆违等各类治理难题，这都表明“三会”制度具有广泛适用性。

“三会”制度是适应新时代社会治理新特点和新要求的治理方法。伴随着中国社会的深刻转型，城市社区治理的内在逻辑和治理方向也发生了相应的变化，习近平总书记关于“人民城市人民建、人民城市为人民”的理念为城市治理指明了方向，即形成“人人有责、人人尽责、人人享有的社会治理共同体”。让社区居民从被动的依赖者、单纯的批判者变为积极的建设者是当前社区治理的方向。基层党组织通过搭建协商平台，积极践行“三会”制度，让不同的声音相互碰撞，让居民群众学会倾听和理解，通过理性的对话来减少分歧，从而化解社会矛盾。2017 年，“三会”制度被写入《上海市居民委员会工作条例》。2018 年，“三会”制度入选“上海改革开放标志性首创案例”和“民政部 100 个优秀社区工作法”。这都表明“三会”制度已经成为新时代社区治理的重要法宝。

回顾“三会”制度 20 多年的发展历程，我们可以看到其中的变与不变：不变的是中国共产党的群众路线和社会治理中充分尊重人民群众的主体性；变的是在不同时期“三会”制度的流程和方法不断更新优化，如在“三会”的基础上增加了“议题征询会、民主恳谈会、监督合议会”和“公示制、责任制、承诺制”。笔者认为，作为中国社会治理行之有效的实践经验，“三会”制度应该在更大范围内被推广和应用。因此，以案例研究的形式总结“三会”制度的实践经验，进而打造完善的体系化、流程化和可操作性的治理工具箱，就显得尤为必要。

唐有财

华东理工大学社会科学高等研究院 教授

上海公共经济与社会治理研究中心秘书长

目　　录

第一章　协商民主的理论、方法和机制

一、背景和意义

中国共产党第十九届中央委员会第四次全体会议（以下简称“中共十九届四中全会”）明确指出，必须加强和创新社会治理，完善党委领导、政府负责、民主协商、社会协同、公众参与、法治保障、科技支撑的社会治理体系，建设人人有责、人人尽责、人人享有的社会治理共同体，确保人民安居乐业、社会安定有序，建设更高水平的平安中国。[①] 其中，关于社会治理体系的“二十八字方针”是关于中国社会治理体系的新表述，与之前的“二十字方针”相比增加了“民主协商”和“科技支撑”的表述。这既是我们党对于新时期社会治理认识的深化与发展，也表明民主协商是中国社会治理体系的本质特征和

---

① 《中共中央关于坚持和完善中国特色社会主义制度　推进国家治理体系和治理能力现代化若干重大问题的决定》，人民出版社2019年版。

重要组成部分。

如果进一步理解中国社会治理体系的内涵和要素，我们可以发现，“党委领导、政府负责”是中国社会治理体制的制度优势，其保证了社会治理的政治方向，特别是保障了人民群众的整体利益。“社会协同、公众参与”是现代社会治理的必然要求。随着人民群众主体地位的不断提高和权利意识的不断增强，现代社会治理体系必须充分尊重他们的参与权利，从而实现习近平总书记所指出的“保证人民在日常政治生活中有广泛持续深入参与的权利”[①]。问题的关键在于，如何实现“党委领导、政府负责”与“社会协同、公众参与”的有机统一，这是对社会治理体系和治理能力现代化的重大考验。一方面，“党委领导、政府负责”遵循的是自上而下的统合逻辑，强调的是规范化和一致性。另一方面，“社会协同、公众参与”遵循的是自下而上的参与逻辑，强调的是多样性和自发性。因此，这两者之间有着内在的张力，而民主协商则是克服这种张力的重要机制。通过不同层次的民主协商，党和政府的路线、方针、政策能够在社会中得到有效贯彻落实，社会与民众的声音和诉求也能够有效传递给党和政府，从而实现两者有机统一。

我们认为，中共十九届四中全会将“民主协商”作为中国社会治理体系的重要组成部分有其内在的逻辑必然性，这既是中国社会转型特别是基层社会治理转型面临的新问题所驱动的结果，也是中国共产党协商民主不断深化和发展的结果。

（一）中国社会转型的必然要求

40 多年的改革开放给中国的经济和社会带来了深刻的转型。一方面，中国的经济和社会发展取得了前所未有的成就，中国的 GDP 总量位居世界前列，人民生活水平不断提高，逐步实现全面小康的目标，改革开放给民众带来的“获得感”进一步提升。另一方面，不可忽视的是，在经济和社会快速的发展过程中，我国也面临一些新问题和新挑战，从而对基层社会治理提出

① 习近平：《决胜全面建成小康社会　夺取新时代中国特色社会主义伟大胜利——在中国共产党第十九次全国代表大会上的报告（2017 年 10 月 18 日）》，人民出版社 2017 年版。

了新的要求。这些问题和挑战主要表现在如下方面：第一，当前社区治理进入了深水区，基层社会治理面临着越来越多的利益问题，如加装电梯问题、物业问题、停车管理问题等。这些问题不仅涉及居民之间的利益关系，有时还会引发激烈的利益冲突。第二，群众的权利意识、民主意识不断增强，传统的思想教育、人情治理等方式日渐式微。在新时代基层社会治理实践中，为妥善回应民众的利益诉求，建设促成民众达成共识的平台以及制定规则公正、程序公正、结果公正的议事程序就成为现代社会治理的重要方向和课题。第三，数字社会的快速到来使人们的交往方式和沟通方式发生了深刻的变化，如何适应数字时代的治理转型是当前社会治理创新必须破解的问题。

快速的社会转型不可避免地带来了各种社会矛盾。大量的国家发展经验表明，一个国家的快速转型期很容易转变为“矛盾凸显期”。这些矛盾主要包括：结构性的矛盾，如原有的社会结构不适应新的发展形势，致使不同群体产生冲突；制度性和政策性的矛盾，如一些不合理的制度和政策设计对民众的利益造成了直接或间接的负面影响；社会心态导致的矛盾，如在社会发展过程中民众的相对剥夺感以及对于各种问题的认知和理解差异等。

但是，社会矛盾（或者说社会冲突）是任何国家或社会都不可能完全避免的，它在一定程度上是社会发展的伴生品。社会发展越快，社会矛盾可能越多，这是因为既有的社会结构无法容纳新的社会要素。美国社会学家科塞在《社会冲突的功能》一书中提出了“社会安全阀”的概念，他认为社会冲突既具有负面功能，也具有正面功能。因此，社会矛盾本身并不可怕，问题的关键在于如何寻找有效应对和化解矛盾的方法，特别是将矛盾限制在一定的范围里，使其不至于影响社会的良性运行。

如何有效地化解社会矛盾、促进社会的良性运行，不仅考验着执政党和政府的治理智慧，而且考验着一个国家的国民素养。有效化解社会矛盾、促进社会的良性运行是衡量国家和地区治理能力与治理水平，以及社会治理创新能力的重要指标。

虽然长期以来政府在面对上述社会矛盾时，会依靠其掌握的强大组织和系统资源优势给予努力化解，但民众也经常会诉诸非理性的维权方式和抗争行动。这些处理矛盾的方式可能会在短期内把矛盾掩盖或处理掉，但是其产生的社会影响不可忽视。由于缺乏长效性的制度化建设机制，以往化解冲突的方式不仅成本极高，而且会导致矛盾的不断积压，从而对未来的社会稳定产生潜在的威胁。

为什么在面对社会矛盾的时候，政府和民众不能针对问题进行理性的协商呢？从国家治理的角度来看，这反映出我们缺乏议事协商的平台和机制；从民众的角度来看，这反映出我们缺乏协商对话的意识、能力和氛围。这种"双重缺乏"导致基层社会自治能力严重不足、行政成本巨大、社会共识很难形成、社会矛盾失去了"缓冲带"等一系列问题。因此，社会治理创新的重要方向就是发展和培育出一个在基层化解社会矛盾、协调社会关系的制度性平台，引导民众在这个平台上与政府进行理性的协商和沟通，即培育和发展基层协商民主机制。正如习近平总书记所强调的，"涉及全国各族人民利益的事情，要在全体人民和全社会中广泛商量；涉及一个地方人民群众利益的事情，要在这个地方的人民群众中广泛商量；涉及一部分群众利益、特定群众利益的事情，要在这部分群众中广泛商量；涉及基层群众利益的事情，要在基层群众中广泛商量。在人民内部各方面广泛商量的过程，就是发扬民主、集思广益的过程，就是统一思想、凝聚共识的过程，就是科学决策、民主决策的过程，就是实现人民当家作主的过程。这样做起来，国家治理和社会治理才能具有深厚基础，也才能凝聚起强大力量"①。

（二）基层社会治理转型的必然要求

协商民主是一个体系，包含了政党协商、人大协商、政府协商、人民团体协商、基层协商、社会组织协商等多层次的内容。本书主要分析的是基层协商。以社区为主要载体的基层社会治理是社会治理的基石，"基础不牢、地

---

① 习近平：《在庆祝中国人民政治协商会议成立 65 周年大会上的讲话（2014 年 9 月 21 日）》，人民出版社 2014 年版。

动山摇”,因此切实提升基层治理的能力和水平是社会治理现代化的应有之义。

在社会转型的大背景下,基层社会治理也出现了深刻的转型。第一,利益问题逐步成为引发基层社会治理矛盾的主要问题。我们在城市社区的调研中发现,当前社区治理有很多亟待破解的难题,如物业管理问题、停车难问题、违规搭建问题、占绿毁绿问题、业主委员会建设问题、邻避风险问题、老旧社区改造问题等,这些问题的共性在于它们关乎社区居民的切身利益,并且很多问题是历史遗留下来的,具有长期性、复杂性和公共性的特点。显然,这些问题都不是靠政府单一的行政手段,或者传统的思想工作方式就能得到解决的,而是需要基于居民的参与、合作、协商和相互妥协才能解决,即基层协商民主是有效解决上述问题的“法宝”。第二,公共性不足是当前基层社会治理面临的主要难题。当前,社区居民的权利意识不断增强,他们对自身的利益非常关心,但对社区公共问题的关心不足。通过对上海市黄浦区 10 个街道、177 个居民区进行调研,我们发现:一方面,一个居民区里积极参与社区活动的居民占常住人口的比例平均为 1%,一般是 30 多人,甚至有将近 1/3 的社区积极参与社区活动的居民人数不到 10 人;另一方面,有 34.1%的社区书记表示,他们所在社区的居民的权利意识很强,但仅有 14.8%的书记表示居民的公共意识很强。因此,培育公共性是社区治理的重要内容。第三,社区治理队伍从经验主义走向专业主义。当前,社区工作者逐步走向职业化和专业化,这支队伍的构成、身份认同以及工作方法都出现了很大的变化。对于年轻的社区工作者而言,如何形成社区工作的专属职业能力、如何提升破解社区治理问题的能力是重大的考验。我们认为,协商民主是新时代社区工作者应该具备的能力,也是其走向专业化的必然要求。第四,基层社会治理出现了深刻转型,这一转型具体体现在其从管理型治理模式走向服务型治理模式、参与式治理模式。管理型治理模式主要是用行政性和管控性的方式来解决问题;服务型治理模式则简单把居民作为服务对象,而没有去培育其主体意识;参与式治理模式更加强调居民的主体性,强调社区回归自治主体的位置，从而建设"人人有责、人人尽责、人人享有的社会治理共同体"[①]。

（三）协商民主的深化与发展的必然要求

中国共产党具有深厚的民主协商的传统。正如习近平总书记所指出的，协商民主是"中国社会主义民主政治中独特的、独有的、独到的民主形式"[②]，"具有深厚的文化基础、理论基础、实践基础、制度基础"[③]。相对而言，社会协商的理论和制度建设相对较晚。1987 年，中国共产党第十三次全国代表大会（以下简称"中共十三大"）报告首次提出"社会协商"的概念，这是对中华人民共和国成立以来"政治协商"概念和实践的丰富与发展。该报告明确指出，"建立社会协商对话制度的基本原则……对全国性的、地方性的、基层单位内部的重大问题的协商对话，应分别在国家、地方和基层三个不同的层次上展开"[④]。这表明社会协商扩大了政治协商的内涵和范围，并因此形成了多层次、多形态的协商形式。

2012 年，中国共产党第十八次全国代表大会（以下简称"中共十八大"）报告首次提出"健全社会主义协商民主制度"，这是对"社会协商"的进一步发展和超越，具有里程碑意义。胡锦涛同志在中共十八大报告中进一步指出："要完善协商民主制度和工作机制，推进协商民主广泛、多层、制度化发展……深入进行专题协商、对口协商、界别协商、提案办理协商。积极开展基层民主协商。"[⑤]相比中共十三大报告的提法，中共十八大报告更加突出了"协商民主"。

中国共产党第十八届中央委员会第三次全体会议（以下简称"中共十八届三中全会"）通过的《中共中央关于全面深化改革若干重大问题的决定》，

① 《中共中央关于坚持和完善中国特色社会主义制度　推进国家治理体系和治理能力现代化若干重大问题的决定》，人民出版社 2019 年版。

② 中共中央文献研究室：《十八大以来重要文献选编（中）》，中央文献出版社 2016 年版。

③ 同上。

④ 《中国共产党第十三次全国代表大会文件汇编》，人民出版社 1987 年版。

⑤ 胡锦涛：《坚定不移沿着中国特色社会主义道路前进　为全面建成小康社会而奋斗——在中国共产党第十八次全国代表大会上的报告（2012 年 11 月 8 日）》，人民出版社 2012 年版。

第一次强调基层协商民主的“制度化”，特别提到了“城乡社区治理”。该决定明确指出：“开展形式多样的基层民主协商，推进基层协商制度化，建立健全居民、村民监督机制，促进群众在城乡社区治理、基层公共事务和公益事业中依法自我管理、自我服务、自我教育、自我监督。”[①]即从社会治理的视角来理解协商民主的意义。中共十八届三中全会着眼于构建程序合理、环节完整的协商民主体系，提出要深入开展立法协商、行政协商、民主协商、参政协商、社会协商。

习近平总书记在庆祝中国人民政治协商会议成立65周年大会上发表重要讲话时指出：“在中国社会主义制度下，有事好商量，众人的事情由众人商量，找到全社会意愿和要求的最大公约数，是人民民主的真谛。”[②]在实践中，我们深刻体会到，在基层社会治理中开展协商民主，必须把握好“民事民议民决”的本质，用群众的话说就是“老百姓的事由老百姓自己商量着办”。到中共十九届四中全会时，协商民主已被视作中国社会治理体系的重要组成部分。

2015年，中共中央办公厅、国务院办公厅印发了《关于加强城乡社区协商的意见》。该意见明确要求开展形式多样的基层协商，推进城乡社区协商制度化、规范化和程序化，为城市社区协商指明了发展方向。上海市也于2015年出台了《中共上海市委关于加强社会主义协商民主建设的实施意见》《关于加强政协协商民主建设充分发挥政协作用的实施意见》两个关于协商民主的具体实施意见，特别强调要做实协商共治平台、深化协商自治、推进企事业单位协商以及探索开展社会组织协商。

中共十九届四中全会更是将协商民主作为中国现代社会治理体系的一部分，突出了中国特色社会主义治理制度的优越性，凸显了协商民主的意义和价值。这主要体现在如下方面：一是协商民主顺应了中国社会转型新阶段的发展需求，体现了人民群众在社会治理中的主体性，深化了人民群众在社会治理实践中的参与权利，这是对习近平总书记提出的“人民城市人民

---

① 《中共中央关于全面深化改革若干重大问题的决定》，人民出版社2013年版。
② 中共中央文献研究室：《十八大以来重要文献选编（中）》，中央文献出版社2016年版。

建、人民城市为人民"重要理念的最好诠释；二是协商民主的探索和深化表明党和政府的治理方式也在发生深刻转型，从过去大包大揽的一元化的管理方式走向了"党委领导、多方参与"的现代化治理方式，通过协商民主来找到群众利益的最大公约数，从分歧中寻找共识；三是协商民主基于开放、包容、平等、对话的治理理念，更加强调程序的重要性，这是社会治理体系和治理能力现代化的重要内容；四是从基层治理实践的效果来看，协商民主有利于实现党的精神、政府政策与民众诉求的有机统一，有利于将矛盾化解在基层，实现社会活力和社会秩序的有机统一。

二、什么是协商民主

（一）协商民主的理论脉络和主要特征

协商的本义是对话，即利益和观点不同的各方通过对话达成共识。协商民主就是要在社会生活和政治生活中通过各个层面、各种形式的协商达成共识，凝聚人民意志。[①]

从狭义上来看，协商民主是一种决策方式，指的是"公民通过自由而平等的对话、讨论、审议等方式，参与公共决策和政治生活"[②]。从广义上来看，协商民主是一种民主形式或治理形式，指的是"自由平等的公民，基于权利和理性，在一种由民主宪法规范的权力相互制约的政治共同体中，通过对话、讨论、辩论等过程，形成合法决策的民主形式"[③]。

1980年，美国学者约瑟夫·毕塞特在《协商民主：共和政府的多数原则》一文中提出了"协商民主"的概念，之后，曼宁、科恩、博曼、吉登斯、哈贝

① 教育部中国特色社会主义理论体系研究中心：《协商民主的根在基层》，载《求是》2016年第1期。
② 俞可平：《协商民主：当代西方民主理论和实践的最新发展》，载《学习时报》2006年11月6日第6版。
③ 陈家刚：《协商民主与政治发展》，社会科学文献出版社2011年版。

马斯和罗尔斯等知名学者，也开始积极参与协商民主理论的研究，该理论逐步成为西方政治学的重要研究议题。一般认为，哈贝马斯的公共交往理论和话语民主理论为协商民主提供了理论基础。哈贝马斯指出："协商的形式应该是辩论的；协商是公共的、包容的；协商应该是排除外在强制的；协商是排除任何可能有损于参与者之平等的内在强制；协商的目的一般来说是要理性地推动一致意见的达成，并能够无限制地进行或在任何时候恢复；协商可以解答任何可以用平等有利的方式来调节的问题；协商还包括对需要的诠释，以及对前政治态度和偏好的改变。"[①]哈贝马斯认为，交往理性能够支持协商民主概念，交往理性的要素是协商民主有效性的标准。吉登斯在《超越左与右：激进政治的未来》一书中提出"对话民主"概念，并认为对话民主的落实需要协商民主制度来保证，只有协商民主制度才是取得政策一致或试图取得政策一致的途径。[②] 在罗尔斯、哈贝马斯等政治哲学家的推动下，协商民主成为当代西方民主理论研究的热点问题并形成了一种共识，即协商民主是在多元文化和利益分化格局背景下的一种有着巨大潜能的民主形式。

随着协商民主理论的发展，一些学者不再局限于理论研究，而是尝试将其应用于协商实践，开展了不同形式的政治实验，以发展协商民主理论。在这方面，斯坦福大学的菲什金教授的研究处于领先地位，他根据"评估的是什么模式的大众观点"与"评估的是谁的观点"两个问题，把公共协商分为八种模式：自我选择民意测验、协商小组、一些民意测验、公民陪审团、大多数民意测验、协商民意测验、公投民主、协商日。[③] 根据他的观点，协商民意测验"是一种基于信息对等和充分协商基础上的民意调查，旨在克

---

① [德]哈贝马斯：《在事实与规范之间：关于法律和民主法治国的商谈理论》，童世骏译，三联书店2003年版。

② [英]安东尼·吉登斯：《超越左与右：激进政治的未来》，李惠斌、杨雪冬译，社会科学文献出版社2003年版。

③ James S. Fishkin、劳洁：《实现协商民主：虚拟和面对面的可能性》，载《浙江大学学报(人文社会科学版)》2005年第3期。

服传统民意调查的诸多局限性"[①]，是实现政治平等和协商这两种基本价值的最佳方式。

(二) 协商民主的含义

学者们对协商民主含义的认识不尽相同，主要有以下几种观点。

埃尔斯特认为，理解协商民主需要掌握两个概念，即协商和民主。协商是指就某一问题通过商议讨论的方式来取得共识。在此过程中，协商主体必须有理性和客观的态度。民主是指任何与相关事件有关的公民或者公民代表都应该一同参与该事件的决策过程。[②]

1987年，曼宁在《政治理论》上发表了《论合法性与政治协商》一文，指出多数人的意志之所以被视为是合法的，主要是因为所有参与者在参与协商的过程完成时，对协商结果进行了核实。[③] 他认为，协商是对相关信息进行比较的一个过程，经此过程参与者会更明白这些信息；协商时分析问题要从集体和个人的角度进行分析。[④]

库克认为，如果用最简单的术语来表达，协商民主指的是为政治生活中理性讨论提供基本空间的民主政府。[⑤]

瓦拉德斯认为，协商民主是一种有着巨大潜力的民主治理形式，能够有效回应多元文化之间的对话，促进不同政治话语的相互理解，尤其强调对于公共利益的责任，支持那些重视所有人的利益与需求的公共政策。[⑥]

古特曼和汤姆森认为，可以把协商民主定义为一种统治形式，在这种形式下，自由而平等的公民通过一定的程序给出彼此都可以接受的理由来证明决策是合理的。

综合上述观点，协商民主的含义主要包含以下维度：第一，协商民主是

---

① [加] 威尔·金里卡：《当代政治哲学》，刘莘译，上海三联书店2004年版。

② [美] 约·埃尔斯特：《协商民主：挑战与反思》，周艳辉译，中国编译出版社2009年版。

③ Bernard Mannin："On Legimacy and Political Deliberation," *Political Theory*, 1987(15)：338－368.

④ 伯纳德·曼宁、陈家刚：《论合法性与政治协商》，载《国家行政学院学报》2007年第3期。

⑤⑥ 陈家刚：《协商民主》，上海三联书店2004年版。

一种具有巨大潜力的民主治理形式，是一种具有巨大潜能的民主治理形式，它能够有效回应文化间对话和多元文化社会认知的某些核心问题。它尤其强调对于公共利益的责任、促进政治话语的相互理解、辨别所有政治意愿，以及支持那些重视所有人的需求与利益的具有集体约束力的政策。协商民主“可促使自由而平等的公民（及其代表们）提出互相能够接受且普遍可以相信的理由，来为各种决定辩护，其目的在于达成对当前全体公民具有约束力，但未来仍可接受挑战的各种结论”①。它强调公共议题的决策应该由受决策影响的人，通过理性的讨论、对话、审议等方式来做出。第二，协商民主是一种民主体制。协商民主被视为直接民主的一种变体，它等于“直接民主加上公共理性”②。也有学者认为，“协商民主是一种大众参与的公共决策机制和治理模式，是一种行政民主”③。第三，协商民主是一种社会组织形式。它是“一种事务受其成员的公共协商所支配的社团。这种社团的价值将民主本身视为一种基本的政治理想，而不仅仅是可以根据某方面的平等或公正价值来解释的衍生性理想”④。第四，协商民主是一种公共决策方式。有学者指出，“当决策是通过公开讨论过程而达成的，其中所有参与者都能自由发表意见并且愿意平等地听取和考虑不同意见，这个民主体制就是协商性质的”⑤。

无论关于协商民主的界定是什么样的，协商民主均包含“积极的参与、理性的讨论和审慎的反思”三个基本要素。第一，积极的参与。它作为一种公共参与，强调公民参与的重要性，特别是公民基于平等和理性的对话来参与公共事务，他们以公共利益为取向，积极参与公共生活和政治生活，最终

---

① Amy Gutmann and Dennis Thompson, *Democracy and disagreement* (Boston: Harvard University Press, 2002).

② [英] 杰弗里·托马斯：《政治哲学导论》，顾肃、刘雪梅译，中国人民大学出版社 2006 年版。

③ [澳] 何包钢：《协商民主：理论、方法和实践》，中国社会科学出版社 2008 年版。

④ [美] 詹姆斯·博曼、威廉·雷吉：《协商民主：论理性与政治》，陈家刚等译，中央编译出版社 2006 年版。

⑤ [南非] 毛里西奥·帕瑟琳·登特里维斯：《作为公共协商的民主：新的视角》，王英津等译，中央编译出版社 2006 年版。

影响公共政策的制定和执行。它强调公民参与的平等性，参与者不仅在程序上具有平等性，而且在实质上具有平等性。[①] 第二，理性的讨论。协商民主中的理性讨论就是"说理"，参与的各方需要陈述支持或反对某项政策的理由，并且以能够让他人信服的方式、以讨论的参与者相互认可的立论基础来说明理由。讨论所依据的理由是否适当和充分，必须在沟通的过程中接受他人客观的判断和批评。在理性讨论的过程中，参与者不仅要提出理由为自己的主张辩护，而且要用心倾听他人的观点，并反省和重新评估自己的陈述是否无可非议。协商中的理性不仅是个人理性，还是公共理性。政治协商要求公民"超越'市场'的私利而诉诸'论坛'的公共利益，只有当其改善政治决策，尤其是实现公共目的时，源自公民立场的协商才是可以被理解为正当的"[②]。第三，审慎的反思。公共讨论的目的在于使参与者在审慎考虑各种论点之后，能够达成使参与者都信服的共识。即便无法达成共识，参与者也能了解彼此的差异所在。这种寻求共识的动机前提，要求参与者采取相互尊重和无偏见的态度来进行讨论。

（三）协商民主的特征

不管怎样界定协商民主，它所强调的都是对话、讨论、辩论、审议，最终达成共识，其核心就是协商或公共协商。[③] 而公共协商是"政治共同体成员参与讨论和批判性地审视具有集体约束力的公共政策的过程。不要将形成这些政策的协商过程理解成政治讨价还价或契约性市场交易模式，而要将其看成公共利益责任支配的程序。公共协商的主要目标不是狭隘地追求个人利益，而是利用公共理性寻求能够最大限度地满足所有公民愿望的政策"[④]。

协商民主，一是强调公民对于公共利益的责任，即通过不断的公共协商、理性对话，产生矛盾的诸方都能了解彼此的立场，把私利提升为公利；二

①② ［澳］何包钢：《协商民主：理论、方法和实践》，中国社会科学出版社2008年版。
③ 陈家刚：《协商民主与政治协商》，载《学习与探索》2007年第2期。
④ ［美］乔治·M.瓦拉德兹、何莉：《协商民主》，载《马克思主义与现实》2004年第3期。

是强调公民是民主体制的参与主体，在充分掌握信息、发言机会平等与决策程序公正的条件下，对公共政策进行公开讨论，提出可行的方案或意见。①

根据古特曼和汤普森的观点，协商民主主要有四个特点。第一，理性的讨论和交流。协商民主强调参与各方平等的地位，他们都能平等表达自己的诉求。参与各方在表达自己的诉求时必须基于充分的理由，并且要充分尊重其他各方的意见，基于说理的方式来获得对方的认可。第二，参与各方阐明的理由应该是容易理解的，应该具备充分的依据。第三，协商后的共识应该具有约束力，即协商的各方应该充分尊重所达成的共识。第四，协商的过程是动态、开放的，协商的共识结果固然重要，但是过程同样重要，所有的协商都是在特定的环境和条件下开展的，因此协商也应该注意特定的适用条件。②

三、中国的协商民主实践及其特点

虽然西方的协商理论研究相对较为成熟，但是中国协商民主的制度实践要远远早于上述学术研究。近年来，受上述协商理论研究的启发，我国政治学界也试图将西方的协商理论与中国的协商实践相结合，开展了大量的学术研究，并且形成了“商议性民主”“审议性民主”“深思熟虑的民主”等概念。中央编译局研究员陈家刚把“deliberative democracy”翻译为“协商民主”，理由有两点：一是该词能够相对表达参与主体的平等地位、对话和讨论、权力制约、批判性反思、妥协与共识等基本特征；二是这样翻译更容易与本土话语对接，同时赋予本土话语以新的意义。③

---

① 唐绍洪、刘屹：《在基层治理中实现社会秩序“动态稳定”的协商民主路径》，载《社会主义研究》2009 年第 1 期。

② Amy Gutmann and Dennis Thompson, *Why Deliberative Democracy* (New Jersey: Princeton University Press, 2004).

③ 陈家刚：《从协商民主看政治协商》，载《中国人民政协理论研究会会刊》2007 年第 2 期。

立足于中国城市基层协商民主，理解基层协商民需要把握三个关键词：一是基层，即各个政权组织中最靠下的一层，与人民群众密切联系、紧密相关的一层。就本书而言，我们主要关注的是城市社区这一层级的群众协商议事实践过程。二是协商，主要是分析相关治理主体，特别是社区居民围绕公共事务开展的协商行动，包括协商规则、协商手段和协商平台等内容。三是自治，即协商民主是社区自治的重要形式，通过协商，社区实现了自我管理、自我教育、自我服务和自我监督。

正如前文所指出的，中国的协商民主实践是中国社会主义治理体系的重要组成部分，是适应中国政治制度和社会结构的民主实践形式。除了具有西方协商民主的一些特点外，中国协商民主还有自己的优势和特征。第一，党对协商民主的全面领导是根本。中国共产党领导的多党合作和政治协商制度是我国的一项基本政治制度。在这一制度体系里，党是领导一切的，坚持党的领导、人民当家作主、依法治国三者有机统一，最根本的是坚持党的领导。这是因为中国共产党作为责任使命型政党，它代表的是中国最广大人民的根本利益，在推进基层协商民主的过程中没有自己特殊的利益。它的目标就是整合不同社会群体的利益，实现整体利益的最大化。中国共产党的性质和宗旨也决定了它必须实现好、维护好、发展好最广大人民的根本利益，更好地促进社会的公平正义。中国共产党的群众路线工作方法也和基层协商民主的理念相契合，基层协商民主的实践过程就是中国共产党听取民意、收集民情和实现民权的过程。协商民主使党的群众路线得到贯彻落实，并且进一步密切了党和人民群众的血肉联系。第二，广泛和直接的社会参与。基层协商民主是一种直接、广泛的民主形式。选举民主注重的是一次性的选举，而协商民主更强调在治理过程中的参与，通过公众的直接参与来表达诉求、听取对方的意见、提出解决方案。因此，协商民主是更为直接的民主形式。协商民主使公众的参与权利得到了更加充分的保障和实现。因此，它也是人民当家作主的最好体现。第三，实践形式的创新性和多样性。作为一种基层民主的制度形式，协商民主被广泛应用于各个领域和各个主体，形成了多样化的实践形式。较为成功的实践形式有浙江温岭的民主恳谈、成都的村民议事会以及上海市黄浦区五里桥街道的“三会”制度。这些协商民主的实践形式都是源自中国本土的基层创新，是契合中国社会结构和发展阶段而产生的，具有广泛的适应性和旺盛的生命力，它们都是中国社会主义民主制度的最佳体现。

第二章　“三会”制度：中国基层协商民主的伟大实践

一、上海市黄浦区五里桥街道党建和社会治理创新实践

五里桥街道位于上海市黄浦区西南部，东起制造局路，南至黄浦江，西临瑞金南路，北至斜土路，是近代民族工业的发源地，被誉为“中国第一厂”的江南制造总局就坐落于此。五里桥的名字来源于陈家港上的一座木桥，建于明嘉靖年间(1522—1566年)，因距城厢水关5里而得名。截至2020年12月，街道现辖区面积3.09平方千米，户籍人口6.6万余人，实有人口7.9万余人。其中，60岁以上老人2.66万余人，占户籍人口40.36%；低保人数为767人，在册残疾人2 544名。街道下辖19个居委会，共有80个居民小区，其中售后公房小区14个、商品房小区45个、系统房小区21个。由此可见，五里桥街道呈现出区域小、人口密集、人口特征多样、社区构成复杂等特点，

面临着“老旧小区多、老龄化问题突出、困难人口多”等社会治理难题。

为回应现实中面临的治理困惑，破解实践中遇到的治理难题，五里桥街道坚持党建引领，积极探索基层治理的创新形式，在基层党建和治理实践中一直走在全国前列。经过多年从未间断的探索、传承和创新，五里桥街道取得了一系列阶段性的成果，成为全国基层治理的典范，也因此赢得了诸多荣誉称号，如“全国先进基层党组织”“全国和谐社区建设示范街道”“全国学习型示范街道”“全国文明单位”“上海市和谐社区建设示范街道”“上海市文明社区”“上海市安全社区”等，得到了诸多部门和相关领导的高度肯定。

（一）激发基层党建新活力

上海市委书记李强调任上海后的首次调研就选在了五里桥街道，并留下了九个字：老典型、金名片、新标杆。五里桥街道作为上海基层党建的“老典型”，曾荣获“全国先进基层党组织”等多项荣誉称号，在多年党建工作实践的基础上探索出不少成功经验。

一是在实践中探索形成了“4＋1”工作法。社区（街道）党组织“4＋1”工作法指的是“组团式服务、民主化管理、区域化支撑、群众性评议”和“保障机制”，从功能、机制、体制、成效四方面完善社区党建工作体系，并构建与之配套的社区党建工作保障机制。五里桥街道坚持“4＋1”工作法，走出了一条党委领导、社会支持、群众参与的社区发展之路。[①]

“4＋1”工作法

组团式服务——着力于建立党组织、党员联系服务群众的工作体系，在社区（街道）党工委领导下，建立新形势下党组织和党员经常性直接服务群众的工作机制，广泛动员社区各种力量参与组团，通过普遍走访畅通党与群众沟通的渠道，巩固党的执政基础。

① 《“4＋1”工作法扎根五里桥》，载《党政论坛》2012年第9期。

民主化管理——着力于推动社区共治和居民自治，在充分了解民情民意的基础上，建立健全由基层党组织领导的充满活力的基层群众自治机制。以居民自治、民主协商、多方联动的方式，调动、发挥社区各方的积极性，形成“三站式”自通车。通过搭建自治平台，回应群众诉求，化解社区矛盾。

区域化支撑——着力于探索形成资源整合型党建工作新模式，社区（街道）党工委整合区域党组织、党员志愿者和社会组织等各类社会资源，带领各方进一步参与社区管理和服务，建立项目化、经常化、主动化的参与机制，从而形成支撑合力，以区域化党建带动社会共同参与。

群众性评议——着力于建立以群众满意为导向的工作评价反馈机制，以群众监督促进社区工作不断适应新情况，党组织和党员自觉接受群众监督和评议，发挥评议的“评判性”“开放性”“建设性”功能，通过评议对不足加以整改，对先进加以推广，进而不断完善工作体系，锻炼工作队伍，促进社区建设发展。

保障机制——以队伍建设、阵地建设和经费保障为主要内容，确保社区党组织正常运转，确保各项工作顺利开展，为提升社区党组织的凝聚力、战斗力、创造力提供基本保障。

2013 年，时任中共中央政治局委员、中央书记处书记、中央组织部部长的赵乐际同志视察五里桥街道时指出：“‘4＋1’工作法是基层服务型党组织建设在城市社区党建工作中最生动、最全面的一个体现”①。2015 年以来，五里桥街道积极贯彻落实上海市委“创新社会治理加强基层建设”有关文件精神，深化和拓展“4＋1”工作法，着力推动党建引领下的共治和自治，区域化党建功能切实增强，社区协商共治机制不断完善，社会力量参与社区治理格

① 中共黄浦区委组织部：《上海优秀基层党建工作项目巡礼之——黄浦区五里桥街道创新城市基层党建“4＋1”工作法》，载《上海党史与党建》2018 年第 8 期。

局逐步形成，党领导下的群众自治充满活力。

二是深入推进了城市基层党建工作。其一，完善了社区党组织体系。五里桥街道着力优化街道“1＋2”领导体制，构建以街道党工委为核心、居民区党组织为基础、驻区单位等其他基层党组织为纽带的社区党组织体系，塑造了区域统筹、条块协同、上下联动、多元参与、共建共享的城市基层党建工作新格局。其二，完善了党建服务体系。五里桥街道构建了“一中心、三街区、多站点＋居民区零距离家园”的立体党建服务体系，充分发挥了服务基层党组织和党员群众的开放式、集约化、共享性平台的作用。

三是切实加强了区域化党建工作。五里桥街道通过优化区域化党建运作机制，完善了街道区域单位党建联席会议和居民区党建共促会两级区域化党建平台，推进了社区党建服务中心的规范化建设；深化区域单位与社区之间需求、资源有效对接的“双向认领”机制，通过建立服务类项目清单和需求类项目清单，促进了社区各方的需求与资源服务精准对接（该项目被评为“2014 年度上海市社会建设十大创新项目”）；深化“双报到、双报告”制度，广泛开展“党员到社区、人人做公益”活动，形成驻区单位“三进一共建”（单位资源进社区、志愿服务进社区、综合治理进社区，共建基层服务型党组织）、在职党员“三亮一服务”（亮身份、亮承诺、亮成效，服务在社区）、社区党组织“三建一促进”（建社区共治平台、建协商议事载体、建双向认领机制，促进各方共建共享）、居民区党组织“三联一反馈”（联建队伍、联动资源、联搞活动，形成定期反馈机制）的工作机制。着力推进党员志愿者工作，探索形成“党建引领、公益先行、服务群众、共治共享”的工作机制。

四是逐步形塑了社会协同格局。五里桥街道党工委积极推进社会组织党建工作，形成了“四建四有”（建党建服务站、建联络走访制度、建党员人才队伍、建双结对机制，在社会组织内实现党的方针政策有人宣传、发展党员工作有人负责、业主和职工有人联系、群众工作有人组织）和“双培三同步”（社会组织孵化与党组织培育相结合、社会组织人才培育与党员培养相结合，社会组织登记与党组织设立同步审批、党建活动与社会组织公益活动同步开展、社会组织等级评估与党组织建设同步考核）的工作机制，以扩大党的组织和工作覆盖面，把党的活动融入社会组织的执业活动、日常管理和文化建设中。在党组织的坚强领导和党建工作机制的有效指引下，五里桥街道充分发挥社区社会组织服务中心这一枢纽型平台的作用，加强分类指导和服务，使辖区内社会组织呈现出了欣欣向荣的发展态势，现有 5A 级社会组织 7 家，4A 级社会组织 2 家，可谓成果丰硕。

（二）构建街区治理新格局

街区是落实治理之策的实战场域。从一定程度上来说，街区治则城市治，街区安则城市安。[①] 五里桥街道立足于本土实际，围绕“共建共享、互助互利、和谐和睦、美丽美观、宜居宜业”的目标，综合考虑历史渊源、地理环境、生产条件、生活方式等因素，建立了“创意家园”“颐乐生活”“人文滨江”三大各具特色的核心街区，通过党建资源的联结带动治理资源的整合，不断丰富社区治理的实践途径和手段，形塑一种良善的社会共生秩序，实现共建、共治、共享的街区愿景。

一是搭建平台，推进街道—街区—居民区三级联动。三级联动平台推动党建“小循环”变为跨单位、跨行业的街区“大融合”，促进资源和需求在不同层面的有效对接，使各类主体都能在街区建设中找到发挥作用的切入点。

二是整合资源，推动社区多元主体有效参与社区建设。五里桥街道充分发挥城市基层党建工作的优势，统筹整合街道、驻区单位、各行业与各领域党组织的力量和资源，在街道与居民区之间架构起更具辐射力、影响力、协同力和组织力的街区共同体，实现组织优势、服务资源、服务功能的最大化。

三是凝聚人心，让人人都能切实感受到街区温度。五里桥街道坚持以理凝聚人，宣传党的政策，培育和践行社会主义核心价值观，增强居民对社区的了解和热爱；以情凝聚人，弘扬爱国情、增进邻里情、展现友爱情，增强

① 姜方炳、李颖：《“共生型治理”：城市街区治理体系再造及运作逻辑——以杭州市凯旋街道为例》，载《中共天津市委党校学报》2018 年第 6 期。

居民对“社区一家亲”的认同感和对社区的归属感；以事凝聚人，以需求为导向，围绕社区群众关心与关切的“老、旧、小”等问题，开设社区长者食堂，为社区老年人提供个性化配餐服务。同时，五里桥街道及时总结恭房小区加装电梯的经验，以党建整合资源、以协商推进共识，制作指导手册、培育社会组织、做好群众工作，形成了“党建引领、民主协商、因地制宜、一梯一策”的加装电梯“五里桥模式”；建成了全市首批社区托育园，开设了“社区 1+1”爱心晚托班和“330 公益晚托班”。五里桥街道的和美街区建设始终围绕满足人民群众对美好生活的期盼，“和”“美”系列项目齐头并进，不仅提升了街区的温度和颜值，而且显著提高了群众的获得感和满意度。

二、“三会”制度：中国基层协商民主的在地实践

五里桥街道是上海城市基层党建和社会治理的典范，形成了很多好的工作经验和做法，打造了一系列治理品牌。在这些治理成就中，影响最大的是“三会”制度。正如第一章所介绍的，基层协商民主实践中形成了很多做法，如协商民主测验、愿景工作坊、协商日、共识会议、公民陪审团等。此外，基层协商民主还包括一些专业的议事方法和程序，如罗伯特议事法则。

五里桥街道的“三会”制度是在中国本土形成和发展的基层协商民主实践。“三会”制度实践了 20 多年，形成了一套规范的操作流程和方法，在基层社会治理实践中被广泛应用，在破解社区治理难题方面发挥了积极的作用。2017 年，“三会”制度被写入《上海市居民委员会工作条例》。2018 年，“三会”制度入选“上海改革开放标志性首创案例”；同年，以“三会”制度为核心内容的紫荆社区工作法入选“民政部 100 个优秀社区工作法”，并在全国各地广泛实践应用。这些都表明“三会”制度得到了广泛认可。

五里桥街道在 20 世纪 80 年代就开始探索基层民主协商机制，围绕“更有效地激发党组织领导的基层群众自治工作活力，更有效地动员更广大的

居民有序参与社区建设”这一基层社会治理的关键课题展开探索，形成了以“三会”制度为代表的社区协商本土经验。

回顾这20余载的发展历程，“三会”制度从初步成型到日臻完善，经历了三个发展阶段：第一，缘起与初创阶段。“三会”制度于20世纪90年代末在五里桥街道桑城居民区自发萌生，它被实践证明是有效的民主制度建设。这一阶段的“三会”制度主要是指听证会、协调会和评议会。第二，传承与创新阶段。随着“三会”制度的创立与发展，协商民主被广泛应用于基层治理实践，结合实践中遇到的新问题、新困惑，“三会”制度在传承的基础上得到了创新，形成了“三会配三制”，即“听证会配公示制”“协调会配责任制”“评议会配承诺制”。第三，深化与发展阶段。2016年，上海市出台了《中共上海市委上海市人民政府关于进一步创新社会治理加强基层建设的意见》和6个配套文件，将基层作为社会治理的主阵地，强调中心下移、资源下沉和权力下放。在此契机下，五里桥街道进一步深化了“三会”制度，增加了议题征询、民主恳谈、监督合议三个前置环节，形成了以听证会为核心的议题形成体系、以协调会为核心的矛盾协调体系、以评议会为核心的监督评价体系三个子系统。至此，“三会”制度历经实践探索实现了持续性完善，有效提升了居民自治水平，保障了居民自治实效。

三、五里桥街道“三会”制度的实践成效

与其他的协商民主实践相比，“三会”制度是将党的领导、人民群众的自治参与有机结合的典范。通过“三会”制度，党的精神和政府的政策在基层得以有效地贯彻落实，同时群众多样性的诉求也得以有效传达。“三会”制度的发展是中国基层民主的重要创新，是基层工作者、社区居民等自发探索的结果，也是自上而下的宏观机制和自下而上的微观机制相互协调、不断互动的结果。在这一过程中，程序合理、环节完整的协商民主体系初步形成，

保障了人民群众在日常生活中的政治权利。五里桥街道“三会”制度取得了显著的治理成效。

（一）民主协商的意识逐步深入人心

协商民主依赖于理性、对话、妥协、节制与宽容的现代民主精神。人民群众在参与活动中所形成的法治意识、民主意识、责任意识是基层民主协商的文化和思想基础。大量的研究表明，当前基层协商民主实践中存在的较严重的问题，就是基层群众民主协商精神的不足，这也是当前民众倾向于用各种过激方式来解决矛盾的重要原因。需要指出的是，民主协商意识不仅指向人民群众，还指向政府，即政府在遇到问题时倾向于用协商的方式而不是用权力来解决问题。

经过20多年的“三会”制度实践，协商已经成为广泛的社区共识，无论是政府部门、社区干部，还是社区居民，在面对社区治理难题时都会主动采用协商的方式来解决。特别是对于居民而言，随着他们的权利意识日益增强，他们对于民主的诉求也日益迫切。例如，在我们的访谈中，居民普遍表示社区治理的公共事务应该征求他们的意见。此外，在面对居民区内部的各种问题时，居民也倾向并能够用协商的方式进行化解。总之，民主协商作为一种观念和意识已经被人们广泛接受和实践。这些实践案例也表明我们完全可以通过居民议事协商的方式来化解基层的各种矛盾和难题。

议事协商还表现在各个居民区都普遍存在一些具有较高议事协商能力且积极参与社区公共事务讨论的居民。这些居民大多是社区的党员骨干、退休的干部和热心社区事务的志愿者，他们具有良好的群众基础和较强的社区责任意识，对于政策有较深的理解，并且能够积极与党和政府的方向保持一致。正是这种政治意识使他们成为社区议事协商的主要依靠力量。

（二）形成了多层次、多形式的协商局面

在对五里桥“三会”制度进行调研的过程中，我们发现五里桥街道已经形成了多层次、多形式的协商平台。

一是街道的议事协商平台。其中最具代表性的是街道的社区代表会议

（以下简称"社代会"）、街区治理委员会和各种共建理事会平台，它们共同形成了与辖区单位联动的共治平台或共治机制，可以有效地将辖区单位的资源整合进来。

二是居民区的议事协商平台，这是基层协商最为核心的内容，其核心是"三会"制度。"三会"制度在听取群众意见、解决社区相关问题、赢得群众对地方项目的支持、就某些问题和政策达成共识、阐明立场和原则等方面能够发挥积极的作用，而不是处于空转的状态。一些居民区在"三会"制度的基础上还与上海市自治家园建设这一契机相结合，形成了一些颇具特色和积极效果的议事协商平台。

三是居民区与辖区单位、居委会与居委会之间的横向协商平台。在传统的治理模式下，单位是相对封闭的。虽然这些单位在地理区位、功能性质上相近或者互补，但是由于受制于管理体制等一系列因素，单位之间的联系很少，特别是在社会治理中缺乏合作，因此治理的绩效很差。但辖区单位资源具有互补关系，如果能够将这些互补关系有效地利用起来，那么在治理绩效上就能够实现"1＋1＞2"的效果。以当前居民区普遍存在的停车难问题为例，其本质是日益增加的车辆数量与有限的停车空间不足之间的矛盾。在车辆数量有增无减的情况下，如何去开拓停车空间就是化解停车难问题的关键。而在一个小区的空间范围里，由于规划等各种因素几乎很少有扩展的空间，因此挖掘小区外的停车空间就是一个重要方向。与辖区单位的联动使很多在居民区内部无法化解的问题通过这一平台得到了一定程度的化解。

（三）普遍建立了居民区的议事平台

作为自治家园建设的重要内容，很多居民区都广泛建立了议事协商平台。这些议事平台是协商讨论居民区各种问题的重要平台。一些议事协商平台还配置了若干个专业委员会，一些专业委员会还发展为成熟的自治团队，申报承接自治项目。居民区的议事协商平台依托这些专业委员会产生和提交的议题，发挥了切实的议事协商功能。

五里桥街道将居民区的议事协商平台与“三会”制度有机衔接。例如，桥一居委会就根据加装电梯的矛盾和需要建立了相应的议事协商平台，问题出在哪里，议事就议到哪里。这些议事协商平台经过多年的发展，已经培养出一批议事能力强的社区骨干，并且平台的架构和制度都已经初步形成。议事协商平台的人员构成除了居民区党总支、“三驾马车”（居委会、业委会和物业公司）的相关人员外，还广泛吸纳了楼组长、志愿者以及一些社区中具有较高声望的居民；不仅确保了议事成员的广泛性和代表性，而且提升了议事协商的质量。居民区议事协商平台的意义在于充分激发居民在社区公共事务中的参与性和主体性，从而推进社区自治的实现。这是因为居民区党总支和居委会实际上是基层政权的末梢，具有较强的行政色彩，它们在动员居民时，特别是在面临利益问题时，经常被居民视为政府。

不过，我们也应该看到，一些居民区的议事协商平台由于没有和社区公共议题有机结合而处于空转的状态，并没有发挥实际的作用。这进一步导致了理事会下属的各种专业委员会变成了摆设，这些委员会并没有建立自己的自治团队和稳定的议事骨干，也没有可操作化的工具包。

（四）议事协商的内容具有广泛性且涉及居民的核心利益

议事协商并不是为了议事而议事，议事必须基于解决社会治理中的具体问题。根据民政部的建议，议事协商应该围绕城乡经济社会发展中涉及当地居民切身利益的公共事务、公益事业；当地居民反应强烈、迫切要求解决的实际困难和矛盾纠纷；党和政府的方针政策、重点工作部署在城乡社区的落实。在我们的调研中也发现，居民区的议事协商大多是问题倒逼而产生的，因为这些问题触及了居民的核心利益。例如，物业管理、停车难、加装电梯、社区环境整治等各种问题。这些问题具有广泛的代表性，是当前上海市社区治理中普遍面临的突出问题。同时，这些问题的形成具有历史性、复杂性的特点，不是靠单一的主体行动就能解决的。

以物业管理问题为例，在我们调研的各个居民区中，物业问题是最为突出的，其主要表现为业主与物业公司的矛盾、业委会和物业公司的矛盾、业主与业委会的矛盾等各种形式。在不同的小区中，物业问题的具体因素又各不相同。例如，在瑞南新苑业委会物业矛盾调处案例中，各种利益交织在一起，无法用一种简单的方式来化解。我们在调研中也发现，不同的主体在这些矛盾中都有自己充分的理由，但也都有各自的问题。从物业公司的角度看，由于物业费长期没有上涨，其经营入不敷出，大多处于亏损的境地。因此，物业公司希望提高物业费，否则无法提高物业服务的质量。而从居民的角度看，物业公司普遍存在运作不规范、服务质量不到位、财务收支不透明等情况，因此居民对物业公司存在诸多不满。由于这些矛盾得不到有效的化解，该小区陷入了"低物业费—低服务质量—对物业不满—物业入不敷出—更低的服务质量"恶性循环的境地。这些矛盾长期的积累，严重影响了居民区的和谐，给居委会工作的开展带来了很大的挑战。很多居民更是寄希望于通过上访等方式来解决居民区的矛盾，从而把居民区内部的矛盾转变为居民与政府之间的矛盾。因此，通过议事协商的方式来化解物业纠纷就显得尤为迫切。

又如停车难问题。我们在调研中发现，老居民区中停车难问题已经非常突出。这主要是因为随着城市居民生活水平的日益提高，汽车已经逐渐普及，一些家庭甚至拥有多辆汽车。而这些居民区大多建于20年前，开发商当时在建这些小区的时候并没有对停车问题给予较多的思考。这就导致了汽车数量不断增加和停车位供给不足之间的矛盾。而这一矛盾又因为一些居民安装地锁等行为转变为社区安全隐患和居民间的矛盾。因此，这一问题的化解不是仅靠单一的居民区就可以解决的。

还有一些政府的实事工程问题，如社区的更新改造、美丽家园建设，这些问题与居民生活息息相关，而且很多是居民期盼已久的。但这并不意味着在实施的过程中政府的良好用意会被居民马上理解和接受。

这些协商议题有如下共同特征：第一，都是居民之间的利益问题，而不是政治问题或者意识形态问题。这就意味着这些矛盾本质上都是可以通过议事协商等方式来化解的。第二，这些矛盾大多发生在一个居民区内部，信息相对充分、居民之间互相了解、协商行动便于组织、成本较低。第三，居民具有社区公共议事的内生动力。由于上述问题都与居民的利益直接相关，因此居民具有参与议事协商的主观能动性。这种基于居民内生动力的基层民主保证了议事协商具有实质内容，而不仅仅是一种形式。

（五）确定协商主体的广泛性

正如前面所指出的，中国协商民主的特点是参与的广泛性和直接性，基层的各类治理主体如基层政府、居民区自治组织、辖区单位、社会组织、物业服务企业以及社区居民都是重要的参与主体。五里桥街道的基层议事协商的主体非常广泛，大部分居民区的议事主体采取了“1＋N＋X”的模式。其中，“1”是党支部及其居委会成员，主要起着协调和引领的作用；“N”是特定议题涉及的对象、社区居民代表、政府相关部门的代表；“X”是根据议题的内容，邀请参加的相关专业人员。

在这些议事主体中，居委会、物业公司和业委会这“三驾马车”是最为核心的，可以说居民区大部分事情的议事协商都有这些主体的参与，并且在总体上，“三驾马车”在居民区党组织的引领下能够和谐相处，在议事协商的过程中能够相互配合。

居民骨干是议事协商的重要依靠力量，他们主要是党员、楼组长等传统的社区领袖，还有一些是长期被排斥在社区治理体系外的人群，如桑城居民区沿街商铺的经营者。这些经营者通常和社区存在隔膜，只有在一些涉及市政管理的事项上才会把他们作为议事协商的对象纳入进来。桑城居委会通过有效的动员，将他们转变为社区治理中重要的治理力量。另外，直接利益相关者对社区事务的协商参与非常重要。在五里桥街道，居民区党总支和居委会在处理问题时，并不是直接冲在前面，而是让居民和居民直接对话。

不过，值得注意的是，在五里桥街道的各类议事协商中，各级人大代表和政协委员在社区治理中的角色并不明显，只有极少数居委会通过各种方式把人大代表或政协委员吸纳了进来。

（六）形成了规范化的协商程序

库克认为，"公共协商的程序能够促进公平的民主结果"。完善基层协商议事的基本程序，对于基层民主实践结果起着关键作用。

与其他一些居民区自发探索协商议事不同，五里桥街道的"三会"制度形成了一套较为规范的议事程序和规则。这些程序主要包括如下五个方面：第一，在议事协商的过程中，充分征求居民和相关利益群体的意见，并根据这些意见提出协商议题。第二，基于议题的性质和内容确定相关的参与主体。第三，参与过程透明化。各相关主体掌握充分的信息，并且能够充分表达意见，从而确保协商的质量和成效。第四，协商结果具有约束性。各方主体协商后的意见通过各种渠道告知相关方，一些涉及社区整体利益的协商事项更是通过专题议事会、民主听证会广泛告知社区居民。第五，协商后的落实情况通过居务公开栏、互联网等各种渠道公开，接受公众监督。

四、五里桥街道"三会"制度的经验表达

（一）基层党组织在基层民主协商中的核心作用

中国的基本政治制度是共产党领导的多党合作和政治协商制度、民族区域自治制度以及基层群众自治制度。中国共产党是中国特色社会主义事业的领导核心，与西方的作为某个特定群体利益代表的政党不同，中国共产党是代表中华民族整体利益的，因此中国的社会体制变革也必须在党的领导下进行。这是中国的政治制度与西方政治制度的最大不同点所在。这就决定了中西方议事协商制度和模式的不同，中国的协商民主必须在党的领导下进行。从五里桥街道的议事协商案例中我们可以看出，党建引领是议事协商顺利推进的关键。

第一，党的领导确保了议事协商的方向。社会治理这一新的理念意味着推进政社分开，政府要更多地从过去不该干预的领域中退出来，进一步厘

清政社的边界。但是，政府的退出并不意味着党的退出；与之相反，党的领导要进一步加强，从而形成新型的党政社的关系格局。因此，基层的议事协商必须以基层党组织为领导核心。在议题的提出、议事会的组织、决策的落实等过程中，党组织必须起核心领导作用。总之，党在基层民主中寻找到了发挥作用的位置和空间。

基层的议事协商涉及多个主体之间的利益关系，这些利益关系经常是相互冲突的。因此，如果没有一个有效的和强有力的领导，这些议事协商就容易陷入混乱甚至引起更加激烈的冲突。例如，在瑞南新苑业委会与物业公司矛盾调处过程中，物业公司和业主之间的矛盾非常突出，每次业主大会上双方都会吵得不可开交，最终协调会变成了“批斗会”，而居民区党总支在这一过程中并没有自身特殊的利益，并且在社区中具有较高的威信，因此它在物业公司与业主之间的协调以及对议事协商的引导就特别重要。又如，在紫荆新苑的环境美化和春江小区的美丽家园建设中，由于涉及的是居民区大规模的更新改造，工程量大、利益关系复杂，基层党组织在其中的领导作用更为突出，在某种程度上，正是因为居民区党总支的坚强领导，才保证了这些工程的顺利进行。

第二，党的领导促成了不同单位在共治上的整合。不同单位的目标、功能、资源不同，因此实现不同单位之间的合作以形成共治的合力是社会治理创新的重要目标所在。然而这种共治的实现在某种程度上是要打破原先的管理体制，甚至要在做出一定牺牲的基础上才能实现。党在跨单位间的整合作用就能有效突破这一障碍。例如，在滨江南园邻里自治点的建设过程中，居民区党总支在没有资源的情况下不是“等、靠、要”，而是依托区域化党建平台，主动走出去链接辖区单位的资源。

第三，社区党员发挥了引领带头作用。议事协商的最终目标是要达成共识，形成共同的目标。然而由于涉及各种利益关系，这种共识并不会轻易形成。社区中的党员往往能够自觉与党和国家的立场、政策保持一致，因此社区党员的引领示范特别重要。五里桥街道一些居民区在议事协商的过程中，坚持抓好"社区党员"这一重要议事主体，努力赢得议事会党员成员的信任，并通过统一思想以获取支持。在基层党组织内部，对事关居民生产和生活的各项事宜，议事会党员成员首先达成共识，统一思想。各居民区更是鼓励和支持社区党员积极参与协商活动，切实发挥好基层党组织的战斗堡垒作用和党员先锋模范作用，引领其他居民和各方力量广泛参与协商实践。

（二）协商＋宣传

议事协商是各利益主体通过说理和论辩而达成共识的过程。然而共识的达成并不是一个自然的过程。由于议事协商的事项直接涉及居民的利益关系，并且不同利益主体的立场和视角不同，在议事协商的过程中并不会轻易让步或者理解其他议事主体的利益，因此协商过程中的冲突不可避免。基层的这种冲突本质上是利益冲突，而不是意识形态层面的冲突，因此是可以调解的。中国共产党的思想政治工作传统在推进议事协商的过程中发挥了重要的作用。

思想政治工作是我们党的特色和优势，在基层，由于涉及群众的切身利益，再加上当前基层思想政治工作的环境更加复杂、挑战更大，因此如何组织群众、宣传群众、教育群众、引导群众就成为基层议事协商的重要内容。通过本次调研我们发现，五里桥街道的基层社区工作者普遍具有很强的思想政治工作能力以及丰富的群众工作经验。在面对棘手的难题时，特别是协商遇到较大的阻力时，他们动之以情、晓之以理，积极对群众的不满情绪、非理性心理进行疏解，把思想政治工作做到群众的心坎上，消除他们认识上的"疑点"，解开他们思想上的"疙瘩"。

在做群众的思想工作时，如何让他们能够心平气和地坐下来沟通是协商能否成功的关键。例如，在蒙自小区"蒙古包"的拆违调处过程中，部分居民的情绪十分激烈，考虑到居民的情绪容易相互影响，居委会采取了多种形式的"情感治理"。在做居民思想工作时，居委会特别注重利用睦邻关系、亲属关系、同事关系等，促进相互谅解、达成共识。实践证明，居民的心气顺了，后面的综合治理改造工程也就顺了。

（三）引导＋示范

在基层协商民主的实践中，我们发现由于协商的事情牵涉的群众多，居民之间大多相互观望，并形成了心理上的默契，如果有人不配合，他们就不配合。例如，在龙华居委春江小区的美丽家园改造中，由于居民和物业公司的争执，居民们很容易被其他居民的情绪所带动，这导致协商后的实施工作很难推进。能否打破这一僵局关系到协商能否取得成功，而社区党员骨干的引领和示范往往能起到事半功倍的作用。各居民区的干部普遍注重树立合适的榜样，通过他们的示范来带动其他居民打破僵局。

那么，“谁来示范、用什么示范、如何示范”就成为议事协商能否成功的关键。在示范的主体上，各居民区都特别重视社区党员骨干的引领和示范作用；通过榜样力量的引领，助推议事协商的深入开展。实践证明，群众对于熟悉的形象更容易产生认同感和共鸣。开展协商活动就要从身边的人入手，善于发现和树立基层的典型。例如，在桥二居民区综合改造过程中，桥二居民区党总支配合拆违办开展拆违工作，遵循“先党内，后党外”的原则，将拆违宣传工作延伸至党员的各类会议，以寻求社区党员对拆违工作的支持。

社区党员在引导、示范的过程中，并不是简单说教或者政治化动员，而是特别注重将实际效果呈现给其他居民看，通过看得见的利益来打动居民。例如，在桑城居民区建设商铺自治管理委员会（以下简称“自管会”）的过程中，很多商铺对于改造方案持怀疑态度，这影响了项目的推进。居民区党总支及时调整方案，强化引导和示范效应，其余破墙开店的商户就纷纷效仿，以此为标准进行了统一改造，再也没有发生任何矛盾。

五、深化和推广“三会”制度的对策建议

五里桥街道的“三会”制度经过20多年的发展，已经初步形成了较为规范的制度框架、完整的议事流程和科学的议事方法，在解决基层社会治理问

题上发挥了积极的作用，为中国的基层协商民主积累了丰富的实践经验。但从中国基层民主的实践发展来看，各地在践行协商民主方面还不平衡，很多社区干部在应用“三会”制度时也存在差异，基层协商民主离习近平总书记所说的“民事、民议、民决”还有较大的距离。综合而言，目前的协商民主实践还存在如下问题。

第一，基层协商民主探索尚未体系化。各地已经初步形成了多层次、多形式的协商局面，不仅有居民区层面的协商，还有街道层面的协商；有针对特定问题的协商，也有更为综合性的议事协商；有居民之间的协商，也有政府与居民之间的协商。协商在层次、范围、内容等方面均取得了很大的进步。但是，也有一些探索实践是零碎的，基层社区治理工作者还没有将其总结成一套具有普遍意义的经验模式。这种零碎性还体现在缺少一个更高层次的部门对这些实践进行统合与梳理。对于街道和居民区而言，是否开展基层协商民主具有很大的不确定性。

第二，基层协商民主的制度化水平有待提高。虽然协商民主在五里桥街道已经实践了20多年，并形成了一套成熟的规范流程，但是其制度化水平仍然有待提高。部分基层工作人员还没有形成协商的习惯，协商的水平也参差不齐，甚至陷入“有时间就多协商，没时间就少协商”的困境。需要指出的是，议事协商不是灵丹妙药，本身不能解决所有问题，协商也并不意味着总是能达成共识。协商的意义并非在于结果，而在于程序的价值，这一程序正是现代社会民主的重要基础。通过议事协商的方式，基层能够减少各种冲突。正如一些学者所指出的，家园意识、参与意识、规则意识是构成基层协商民主的三大基石。通过基层协商民主达成的共识，各方要遵循契约精神并加以落实。然而，由于历史和现实的原因，一些社区中所谓的“意见领袖”和社区居民还不熟悉民主协商的规则，没有掌握民主协商的手段，尚不具备民主协商的能力。在实践过程中，部分基层工作人员过于看重议事协商的结果，忽视了议事协商的过程，甚至为了解决问题而采取了各种软硬兼施的手段。但是，这些手段无助于建立居民的规则意识，甚至被当成居民与政府、居委会讨价还价的砝码。

第三，不同层级协商平台的联动性有待加强。基层议事协商包含了对居民区层面、街道层面等不同层次问题的协商。居民区层面的协商主要是以自治为导向的，而街道层面的协商则是以共治为导向的。然而，不同层面的议事协商缺少协调衔接和联动机制是当前基层协商面临的主要问题。总体来说，居民区的议事协商具有很强的利益和问题导向，而在街道层面的议事协商相对而言更流于形式化，虽然很多街道成立了社代会，但社代会主要是审议街道办事处的工作报告，针对具体问题的解决机制还非常欠缺。由于居民区的议事协商主要是居民之间的协商，街道层面的社代会和居民区层面的议事会还没有打通，这就限制了问题的解决。街道层面的议事协商有规则、有制度，但是没有跟居民的利益密切相关。居民区的议事协商关涉的都是居民的切身利益，但是没有规则和制度。此外，现有的制度资源缺乏有效的衔接和整合。目前很多地方探索的组团式联系服务群众走访行动在促使党员干部了解社区情况、精准解决问题等方面发挥了重要的作用，但是政协委员、人大代表进社区联络机制，即定期联系居民、征集议案的机制还远没有形成。在五里桥街道，参与议事协商的主要是一些社区骨干、普通居民，很少见到人大代表、政协委员的身影，由于普通居民在议事协商方面的意识和能力相对欠缺，这就影响了议事协商的层次和质量。

第四，政府与民众的纵向协商较为缺乏。从五里桥街道的“三会”制度实践来看，我们可以发现居民区层面的议事协商已经较为成熟，而且不同单位之间的横向协商也非常丰富，但是政府与民众之间的纵向协商相对不足。现实中，政府习惯采用简单的线性方法收集信息，如开展一些调研，邀请基层代表在会议上发言，或者领导干部直接与群众“结对子”。尽管这也能体现一定范围内的民意，但从严格意义上说，要获得具有可信度和有效度的信息，必须基于精细化的协商。政府要敢于下放资源，把资源交给居民去讨论和支配。

正是基于上述问题，我们认为在面对日益复杂的基层治理难题时，深化和推广"三会"制度具有非常重要的现实意义，具体可以从以下方面进行。

（一）推进基层议事协商的制度化

健全的规章制度、规范的工作程序是议事协商工作富有成效的重要保障。当前很多的基层协商民主实践并没有有效的制度，因此，有关方面应及时制定基层民主协商的标准化方法和流程。这些方法和流程应当体现如下原则：选择的协商议题要体现居民的利益；遴选的协商人员要具有广泛的代表性且具有一定的议事协商能力；在协商的过程中，要做到透明公开，程序公正；协商的形式要严谨，不能随意草率；在协商结果的使用上，要有具体的落实方案，并且要有有效的监督。因此，市和区层面要强化基层协商民主的顶层设计，探索建立一批基层协商民主实践实验区（点）；着手开展以基层协商民主操作实践为主题内容的培训；积极探索社会组织和民主党派在创新社会治理、推进基层协商民主中的作用。

（二）引入科学的议事规则以规范社区公共议事程序

虽然"三会"制度已经形成了"三会配三制"的流程和方法，但在细节方面仍然需要提升，特别是当前居民群众协商议事的要求越来越高，需要有一套更加精细的规则为基层协商民主提供有力保障。在这一方面，西方广泛认可的"罗伯特议事规则"在操作技术上具有一定的借鉴意义。"罗伯特议事规则"最大的价值是提出了协商议事的操作方法，如主持人的主持技巧、参与人员的相关要求以及发言权的分配、有序讨论的组织等。中国的"三会"制度也可以借鉴上述方式，从而既能实现本土化创造，又能丰富其内容，进而不断增强社区居民的契约精神和公共意识。因此，设计开发具有操作性的工具包是非常有必要的。

（三）进一步增强居民政治参与的意识和能力

从五里桥街道"三会"制度的实践看，社区居民在参与协商的过程中无论是积极性、主动性还是参与热情都很高，但是民主意识和民主能力的提升需要时间。需要强调的是，民主精神和民主能力是在民主实践中得以锻炼和提升的。因此，社区应该创造各种机会让居民群众广泛参与协商议事的实践：一是要积极倡导协商精神、培育协商文化，引导群众依法表达意见，积极参与协商；二是要广泛开展政策宣传活动，普及法律知识，帮助居民掌握并有效运用协商的方法和程序，营造全社会关心、支持、参与社区协商的良好氛围；三是要建立各种形式的协商民主实训基地，开展专业性协商民主案例教学、模拟大赛等活动，借鉴西方的公民评审团、愿景工作坊等形式，开发针对协商民主的专业课程，针对基层社会治理从业人员和社区居民开展协商民主能力建设活动。

（四）建立与其他协商制度相衔接的机制

中共十九大报告指出，要统筹推进政党协商、人大协商、政府协商、政协协商、人民团体协商、基层协商以及社会组织协商的体系。在这一协商体系中，不同的协商不是分割的，而应该是联动和衔接的。为了解决基层协商的代表性问题以及破解基层治理的有效性问题，人大代表、政协委员应通过各种方式参与社区协商，这样既可以宣讲一些相关的精神和政策，也可以将社区居民的意见和诉求及时反馈到人大协商、政协协商和其他协商系统中去，增强基层协商民主的系统性。此外，社区在开展协商活动时，还可以广泛邀请特定利益相关群体、特定领域专家学者等人员参与议事协商。

第三章 “三会”制度的发展历程及操作流程

一、“三会”制度的缘起与初创

20 世纪 90 年代末，以“听证会、协调会、评议会”为主要内容的“三会”制度在五里桥街道桑城居委会自发萌生，成为社会治理领域的一项重要制度创新。“三会”制度因何而创？在这背后发生了哪些事？让我们将聚光灯对准“三会”制度的首位实践人——桑城居民区原党总支书记魏桂花，跟随她一同了解“三会”制度的萌生。

（一）实践中的困惑：“三会”制度的缘起

20 世纪 90 年代，随着改革开放的深入、城市建设的发展、住房改革的推进，社区类型呈现多样化特征，单位制所形塑的城镇住房体系逐步被打破，市场供给成为城镇住房供给的主导模式，以商品房为代表的新型住宅小区大量涌现。随着社区形态的转变和单位制的解体，居民区工作也面临着比以往更加复杂和多样的挑战。而魏桂花要面对的，就是社区形态更为复杂的商品房小区。

20 世纪 70 年代，魏桂花开始在五里桥街道从事社区工作。1997 年，魏桂花从五里桥街道桥二居委会调任桑城居委会，“书记、主任双肩挑”。当时的桑城居民区属于新建成的中高档商品住宅小区。作为桑城居委会的第一任书记，魏桂花以“开荒者”自称。面对新的社区形态，如何把居委会工作做好，让居民满意？这可谓任重道远，但魏桂花求索不辍，秉持“要把自己喜欢做的事情做到最好”的信念，开启了“开荒者”的人生。

作为一直耕耘在社区一线的居委会工作人员，魏桂花亲历了基层社区的变迁，这也让她在现实工作中面临着很多困境。

第一，政府买单办实事，老百姓却不买账。20 世纪 90 年代末，新型商品房小区大量涌现，上海开始出现“小区”这一概念。居住在商品房小区中的居民的年龄结构呈现出年轻化态势，受教育水平也往往较高，他们也往往具有较强的民主意识，对政府和居委会工作提出了更高的要求。

> 早些年，居委会想组织社区居民做什么事情，很容易就能“一呼百应”，居民都非常支持，参与热情也很高。但不知何时开始，情况变了，居委会想组织居民做什么事，他们不一定愿意，特别是政府为社区排定了很多实事项目，本来是改善居民生活环境的好事，但有时居民不满意，导致项目推进不下去。即使实事项目最终落成，一些居民也会对居委会工作表达强烈的不满。这让居委会工作人员既感到委屈，又深感无奈。（桑城居民区原党总支书记魏桂花）

如何有效破解“政府买单办实事，老百姓却不买账”这一难题，在将好事办好、实事做实的同时，又让老百姓满意，成为魏桂花心中的一大困惑。

第二，居委会变成矛盾纠纷的聚集地。20 世纪 90 年代末，生活在商品房小区中的人们开始面对各种问题，如公共卫生问题、安全问题、物业服务问题、基础设施问题以及宠物管理问题等，这些问题引发了各种矛盾纠纷。

> 家庭矛盾、邻里纠纷、个人与周边企事业单位之间的冲突，以及群体性上访事件层出不穷。居委会成了矛盾的聚集地，居民有矛盾就到居委会让工作人员来评理。居委会工作人员整天被这些矛盾裹挟着，处理起来进退维谷，不能偏袒任何一方，一不小心还会招来居民的谩骂。因此，居民争论不休的时候，居委会工作人员只能看着，这导致居民越吵越凶，甚至动手摔居委会的东西。（桑城居民区原党总支书记魏桂花）

何时能解决这些矛盾，将居委会从矛盾纠纷中解脱出来，还社区一片祥和、安宁，成为魏桂花心中的又一个困惑。

第三，年底评估会开成了“批斗会”，无益于来年工作提质增效。

> 每年年底，都要开“七所八所”点评大会，派出所工作是否到位，房管所是否关心百姓……居民都可以在点评会上一一指出。居民作为评论方实话实说，和盘托出，把“七所八所”批评得一无是处。“七所八所”作为被评议方，只能目瞪口呆，没有解释的余地。（桑城居民区原党总支书记魏桂花）

年度点评大会屡屡开成了年度“批斗大会”。如何举社区居民之力，通过公正评议来推动“七所八所”各项工作的良性开展成为魏桂花心中的第三个困惑。

如何破解以上困惑，为居民区工作找一条好出路，为社区工作者找一个好帮手，成为魏桂花着力探索的重要方向，也成为“三会”制度的缘起。

（二）在实践中探索：“三会”制度的初创

“三会”制度的初创要从五里桥街道局门路361弄的一条“垃圾路”说起。

魏桂花探索如何有序主持开展“垃圾路”换新颜的过程，是“三会”制度萌生的起点。

1. 召开第一场百姓座谈会[①]

魏桂花调任至桑城居委会后，为了熟悉社区的基本情况，她喜欢在居民区多走多看多听，旨在找准开展工作的出发点，满足居民所需所盼。不久，她便选择了小区内的一条“垃圾路”作为开展工作的出发点。

> “垃圾路”长 80 米左右，宽 5 米左右。之所以沦为“垃圾路”，是因为这是一条无人问津、无人管理的泥巴路。5 个小区的开发商在附近买地皮建高楼，都不约而同地把这条路圈在了各自的小区之外，被圈进小区的地皮建有亭台水榭、竹林拱桥，但这条被大家遗忘在外的泥巴路却凄凄惨惨、肮脏不堪，流浪猫、流浪狗和拾荒者在这里汇聚，路口垃圾不入箱，路灯不亮，阴沟堵塞、积污水，倒粪站臭气熏天，周边居民对此怨声载道。既然居民对这条“垃圾路”的意见这么大，那我就把整治这条路作为我开展工作的出发点，把它整治好。（桑城居民区原党总支书记魏桂花）

但是，整治“垃圾路”的钱从哪里来呢？这个难题摆在魏桂花面前。想到 5 个小区的居民均要走这条路，魏桂花首先找到了 5 个小区的物业，但物业以没有资金为由拒绝修路。于是魏桂花又去找开发商，开发商以这条路在小区外为由拒绝修缮。遭到两次拒绝后，魏桂花仍旧坚守初心，认为造桥修路是好事，一定要把这件好事做好。

想到自己是居民区党总支书记，要筹划开展党建工作，可以尝试链接党建资源来解决资金问题。当时，在职党员须到居委会报到，这一制度将党员凝聚在居委会。前期，魏桂花经过多轮走访，将在职党员分成了四大类：资

---

① 那时的“听证会”称为“座谈会”，“听证会”这一说法是在五里桥街道党工委总结提炼后提出的。

源型、知识型、技术型、参谋型。为整治“垃圾路”筹集资金，魏桂花拜访了一位资源型党员——原卢湾区（现划入黄浦区）住房和城乡建设委员会（以下简称“建委”）党委书记，并在他的帮助下争取到整治“垃圾路”的资金。

修路的资金问题解决了，但路该怎么修呢？修成什么样呢？魏桂花吸取教训，深知自己不能坐在办公室里定方案，要让老百姓自己来说“路应该怎么修”。于是，她带领新一届居委会班子，召开了社区第一场百姓座谈会，邀请了居民区楼组长和有意愿参与此次会议的居民。会上，魏桂花引导居民畅所欲言：“这条路怎么修，听听大家的意见；只要你们讲得对，你们觉得怎么做好我们就怎么做。”

有的居民说：“用彩砖铺地，围墙要透绿。”

有的居民说：“下雨不积水，路灯要明亮。”

还有的居民说：“垃圾箱要美化，倒粪站要取缔。”

…………

一连串的修路诉求汩汩而出，修路方案在给予居民充分的表达权后有了雏形。第一场百姓座谈会在共识达成后顺利结束，“垃圾路”整治行动则拉开了帷幕。

2. 召集物业开协调会

“垃圾路”整治行动启动后2个月，一条崭新、整洁的道路呈现在大家面前。它正是座谈会上居民所期待的样子：彩砖铺地、围墙透绿、路灯明亮、倒粪站被取缔、垃圾箱美化……在整治期间，居委会发动党员，采用协调会的形式，化解了多起利益冲突事件，解决了诸如“白天封路居民不理解”、“修路过程中自行车停放于何处”等问题。但是，路已修好，谁来维护呢？如果无人维护，那么这条路还是会成为“垃圾路”。于是，桑城居民区在五里桥街道的协助下，在路口建起了门岗厅。由于经费有限，只能雇4位退休居民每天“三班倒”值班，每人每月给予300元补贴。但每月1 200元的补贴经费和门岗厅内的水电从何而来呢？为解决以上问题，魏桂花召集了5个物业公司的经理开了一场协调会，目的在于解决门岗厅值班人员的经费问题和水电问题。协调会上，魏桂花直击难题，与5位物业经理商谈：“路修好了，老百姓一直称赞，非常满意。于你们物业公司而言就是业主满意了。不过，门岗厅值班人员的经费和水电从哪里来还是个问题。”

5个物业公司的经理了解了问题所在，积极主动献策。

江南物业公司的李经理说：“魏书记，自来水问题我来解决。我设一条自来水管道，再安装一个水龙头。水费我们也出了。”

正达物业公司的周经理说：“电的问题我们来解决。”

大众汽车公寓物业公司的施经理说：“我们小区走这条路的人比较多，值班人员的费用我们多出一点。”

…………

最终，在值班人员经费这一个问题上，大家一致决定根据每个小区走这条路的户数来确定出资金额。就这样，协调会顺利结束，问题迎刃而解。

3. 召开评议会

“垃圾路”整治工作完成后，桑城居委会召开了评议会，邀请了施工队代表、原卢湾区建委党委书记、居民代表共同参加。提起这场评议会，魏桂花激动地回忆道：“本想让老百姓发挥啄木鸟的作用，寻差距、找不足，给出整改、提升的意见，没想到这场评议会开成了表扬会，居民和施工队对项目都赞不绝口。”

其中，有一位庄阿姨抱着一把精心包装好的扫帚来到会议现场，她开心地说：“我先生为了扫出一条路让邻居们走，已经把5把扫帚扫‘退休’了。如今政府关心老百姓，把路修好了，他不用再扫了，这把扫帚送给居委会作纪念。”

有的居民提前写好了表扬信，在会上直夸施工队的施工质量到位，修路的过程中态度好。施工队代表也在会上表达对居民的感谢，感谢他们在炎炎夏日送来了绿豆汤和西瓜。此外，居民还给原卢湾区建委送上一面锦旗，感谢其对整治“垃圾路”的大力支持。

针对这一套取得了积极成效的工作方法，五里桥街道党工委做了总结和提炼，在全市范围内率先推出居民区“三会”制度，即在居民区党组织的领导下，在街道、区级有关职能部门的支持下，由居委会主持召开听证会、协调会和评议会（事前听证、事中协调、事后评议），使党政部门和群众之间的沟通长年不断，有效推动了社区党组织领导下的居民自治（见图 3－1）。

图 3－1　初创阶段的"三会"制度

2001 年，原卢湾区出台了《关于建立评议会、协调会、听证会制度的指导意见》，这标志着"三会"制度的初步形成。2006 年，上海市民政局印发《上海市居民区听证会、协调会、评议会制度试行办法》，在全市范围内推广"三会"制度。此后，"事前听证、事中协调、事后评议"被人们广泛熟知，并得到了广泛认可。

二、"三会"制度的传承与创新

随着基层民主实践的不断深入，"三会"制度越来越成为基层民主和基层治理的重要载体，逐渐成为民主协商、化解矛盾、依法治理、服务群众的有力支撑。[①] 五里桥街道紫荆居民区作为积极实践"三会"制度的代表，在基层群众自治实践中传承与创新了"三会"制度，在原有"三会"制度的基础上形

① 陈海燕：《制度实践在基层群众自治中的创新探索——以上海市五里桥街道"三会"制度为例》，载《中共郑州市委党校学报》2020 年第 2 期。

成了“三会配三制”，从而使“三会”制度的外延不断扩大。

（一）“三会配三制”形成的契机：迎世博·平改坡

2009年，对于紫荆居民区而言是不平凡的一年。因为这一年正是迎世博的冲刺时期，这对紫荆居民区文明建设提出了更高的要求。由于任务艰巨，曾在紫荆居民区担任过1年（1999年初到2000年初）党总支书记的褚中平又一次被调到紫荆居民区工作。褚中平报到后的第二天，原卢湾区住房保障和房屋管理局与街道市政科就与他商量“紫荆小区平改坡综合改造工程”的相关事宜。

“紫荆小区平改坡综合改造工程”，政府投入1 400万元，涉及对22栋房屋的屋顶进行平改坡改造（有11户搭建了阳光房，30户左右打造了顶楼花园，多名住户在屋顶上放置了晾衣架）；对19栋楼的底楼围墙进行改造（涉及102户居民）；对696户厨房下水管进行改造（基本上每户的厨房装修得都比较好，有的是新装修的婚房等）；对小区绿化、外墙面、所有道路进行全面改造。这个工程涉及小区内每一位居民的利益，任何一个环节出了差错都可能使工程搁置。为了使工程有序推进，工程伊始就成立了由区房管办、街道、居民区党组织组成的领导小组，每周四召集居委会、业委会、物业公司、民警、施工队开碰头会，并要求小组成员利用“三会”制度开展工作。

褚中平作为紫荆居民区党总支书记，严格遵循领导小组的指示，带领居委会班子在各项目和不同阶段进行听证、协调、评议。在利用“三会”制度推进平改坡综合改造项目的过程中，褚中平领导的居委会班子逐步发现，“三会”制度虽已成为民主协商、化解矛盾、依法治理、服务群众的有力支撑，是基层协商民主建设的重要标志，但是在回应居民关切、解决社区事务中还有改进和完善的空间。“三会配三制”正是紫荆居民区在不懈探索如何弥补原有“三会”制度的不足、顺利推进综合改造项目的过程中逐渐形成的。

（二）听证会配公示制，实现全方位知情

召开听证会时，一般由居委会牵头召集相关居民代表参会，就社区实施的项目或涉及居民切身利益的重大事项进行广泛讨论，会后再由居委会通过楼组长或各种会议向居民传递听证会结果。紫荆居民区原党总支书记褚中平对此做了评价："这确实能取得一定的成效，但问题在于不能达到全方位知情。"

这一局限性在紫荆居民区外墙墙面颜色定位过程中逐渐凸显出来。

> "外墙墙面颜色定位"首次听证会确立的方案由楼组长告知居民。但第一栋楼开始施工后不久，居民的反应就异常激烈，各种意见如"不准施工""原来的马赛克墙色是世界流行色不能改变""现在的颜色像庙院"等在同一时间出现。这说明第一次听证会由于工程赶进度，告知居民的时间短且宣传不到位，很多居民不知情。（紫荆居民区原党总支书记褚中平）

为了缓和对立局面，促进工程有序推进，居委会将在第一次听证会上确定的方案及外墙墙面颜色的由来一并公示，矛盾这才有所缓和。之后，居委会又针对"外墙墙面颜色定位"问题召开了 5 次听证会，将决定权交给居民，由居民自主协商。

> 5 场听证会结束后，共识终于达成：35 号外墙墙面在基本色不变的情况下选择三种深浅不一的颜色。颜色确定后，居委会的工作人员负责引导居民在方案上签字，并将方案公示于众，进一步提高听证会的参与度和知晓度，顺利解决了墙面颜色的定位问题。（紫荆居民区原党总支书记褚中平）

鉴于小区外墙改造采用的公示方法带来了显著的成效，也得到了居民的广泛认可，紫荆居民区在其他项目的实施过程中也不断推行公示方法，使施工进度得到明显提速。公示方法屡屡奏效，紫荆居民区便将听证会后的公示制常态化。

（三）协调会配责任制，直面问题不推诿

历时8个多月的紫荆小区平改坡综合改造工程，在施工的不同阶段面临着不同的问题，居委会牵头共召开大大小小的协调会达到上百次。

> 施工初期，居民与方案之间的矛盾主要在于知晓度。随着改造工程的全面铺开，居民与施工队产生了诸多矛盾和冲突。例如，天井围墙改造和厨房下水道改造，居民请假配合施工，约定好了完工节点，结果却没有完工。原因很多，但居民和施工队双方都不能置身事外，如居民家中没人、施工方拖拉等。（紫荆居民区原党总支书记褚中平）

针对这些问题，居委会牵头召开了协调会，但后续又在质量上产生了新问题。面对协调会后出现的不落实和推诿等问题，紫荆居民区党总支带领居委会班子创设了责任到位制，主要是在协调会结束后，以契约化的方式明确各相关主体责任，由各方领导监督落实。责任到位制实施后取得了良好的成效，社区内由责任方推诿和不落实等造成的矛盾明显减少。

（四）评议会配承诺制，解居民后顾之忧

紫荆小区平改坡综合改造工程先完工的有外墙工程、房顶平改坡、厨房下水道换管等，居委会针对这些完工项目分别组织召开了多场评议会，由居民就施工方的服务和质量做出评价。然而，随着工程尾声的到来，矛盾再次升级。

> 前期完工的项目出现了外墙开裂、房顶渗水等质量问题，工程相关方却拒绝承担责任，引来了一片谩骂。（紫荆居民区原党总支书记褚中平）

面对这一情况，紫荆居委会创造性地提出了承诺制，要求工程相关方在工程完工评议会上做出承诺，确保居民利益。

评议会上的承诺制得到了各方的认可。在工程完工评议会上，施工方、小区物业和业委会三方代表积极配合，大家对以下承诺达成了共识：2年内有问题，居民可以找物业，再由物业负责与施工方联系，施工方随叫随到；2年后若有问题，则由业委会、物业承担维修和保养责任。（紫荆居民区原党总支书记褚中平）

评议会上的承诺制为居民解除了后顾之忧，受到了原卢湾区房屋管理局领导的高度评价，也赢得了广大居民的称赞。

今年（2010年）我们特别高兴，小区焕然一新，感谢居委会工作人员为我们所做的贡献！（紫荆居民区居民）

感谢褚书记带领的居委会班子让我们过了一个祥和之年！（紫荆居民区居民）

工程竣工后，五里桥街道领导深入紫荆居民区总结、归纳、规范了紫荆居民区居委会在工作实践过程中形成的“三会配三制”制度，并在全街道推广。

三、“三会”制度的深化与发展

2015年，紫荆居民区在党的十八大精神指引下，积极探索扩大群众有序参与的渠道，完善基层自治内涵，强化权力监督体系，进一步健全基层党组织领导下充满活力的基层群众自治机制。同时，紫荆居民区进一步深化和发展了“三会配三制”，增设了三个前置环节，即在听证会前增设议题征询环节，完善议题形成体系（议题征询—听证会配套公示制）；在协调会前增设民主恳谈环节，完善矛盾协调体系（民主恳谈—协调会配套责任制）；在评议会前增设监督合议环节，完善监督评价体系（监督合议—评议会配套承诺制），使“三会”制度的路径不断拓宽，形成了“自治有主题、参与有平台、议事有规则、组织有骨干、成效有评估”的居民自治工作体系。

（一）听证会前增设议题征询：自治“什么”居民说

原有听证会的议题主要以自上而下的方式形成，听证内容主要围绕政府计划实施的项目，将居民纳入听证会的实质在于商议这些既定项目具体如何开展。2015年，紫荆居民区的居民对这种自上而下的议题形成机制提出了质疑：“你们过去做的实事确实不错，但那是你们想做的，不是我们想要的。议题能不能由我们自己提，你们提供资源，我们来解决问题？”

为了回应居民的诉求，更好地使自治议题的产生“源自居民”、议题的讨论“依靠居民”、议题的实施“服务居民”，紫荆居民区结合实际，在听证会前初步增设了议题征询环节，在社区层面形成了三套规范：议题讨论范围、资金管理使用办法以及议题讨论纪律。除了在日常的会议中产生议题外，紫荆居民区党总支每年1月和8月都会开展两次大型的议题征询工作，集中讨论议题。

> 开展议题征询工作前15天，我们会在小区内公示征询议题的时间和地点。15天内，必须有10个以上居民向“两代表一委员”、党组织委员、居委会委员联名提议，提议方能生效。个别居民因为自己的私利提议不能进入议题征询环节。我们党组织在其中发挥核心引领作用，会同议题评审专家组和居委会把好议题入选关，经过协商筛选议题，确保议题具有可行性和普遍受益性。（紫荆居民区原党总支书记马骥）

在议题征询环节，除了主动报名参与的居民代表以外，党组织还会邀请居委会委员、自治家园理事会常务理事、社区民警、业委会代表、物业代表、其他居民代表、结对律师等共同参与。会上，议题发起方代表首先对议题进行陈述，陈述完毕后，与会人员发表意见，并在充分沟通交流的基础上对议题进行表决。议题得到一半以上与会代表的认可，方视为通过。只有通过的议题才能进入听证会供相关居民进一步论证。议题只有在议题征询环节和听证会上都通过了，党组织才会集聚各方资源予以解决。

以前，我们居委会每年要处理的事情多且杂乱，并且没有清晰的目标。通过这些会议的层层把关之后，议题得到梳理、总结和凝练，我们紫荆居民区每半年处理的大型事项、举办的大型活动只有三到五项。这样就有利于将有限的资源和精力集中起来，集中攻克老百姓最需要解决的问题，让老百姓实实在在受益。（紫荆居民区原党总支书记马骥）

通过增设议题征询环节，将"简单"的事情"复杂化"，尽可能地扩大了居民的有序参与面，形成了"百姓之事百姓提，百姓之事百姓议"的自治格局。这样一种自下而上的民情征询和议题形成制度，弥补了原有听证会议题形成机制以自上而下为主的局限性，使自下而上的过程与自上而下的过程形成了有机结合，将政府想做的事情与老百姓提出想做的事情高度整合，完善了议题形成机制，提高了老百姓的满意度，增强了他们的获得感，得到了街道领导和居民的肯定。

（二）协调会前增设民主恳谈：矛盾化解更高效

协调会的目的是化解利益冲突方之间的矛盾。但如果未将部分协调工作前置，直接邀请矛盾双方进入协调会现场，矛盾就会愈演愈烈。如何让协调会更加高效，让矛盾调和更加容易？紫荆居民区探索出了在协调会前增设民主恳谈的环节。

我们居民区原来有一幢商品房，可以直接看到江景。后来前排要新建一个商品房小区，致使江景房不能再看到江景，采光也受限。居民因此情绪激动，去区里和市里反映。但开发商获得了规划局的批准，是合法建楼。于是我们展开了民主恳谈工作，成立了几个工作小组，挨家挨户做居民工作，告诉他们开发商得到了规划局的批准，属于合法建楼，阻止其施工肯定会受到法律制裁；对于他们提出的合理诉求，如因采光受限、墙面开裂等要求赔偿，我们党组织和居委会一定会站在居民的角度支持他们。通过民主恳谈，居民的情绪得到缓和，矛盾的焦点也得以明确。我们再让他们选出代表，与开发商对话，商定合理的赔偿方案，最终矛盾得以化解。在紫荆居民区，像这样的民主恳谈工作，解决了居民区非常多的问题和矛盾。（紫荆居民区原党总支书记马骥）

开展民主恳谈，通过确认当事人的矛盾纠纷焦点，告知当事人相关法律法规，明确当事人的权利和义务，促成当事人在协调会上达成一致意见，提高协调会的成功率。这一套矛盾协调体系在实践中效果显著，紫荆居民区协调会的成功率高达98%，真正实现了“小矛盾不出楼，大矛盾不出居民区”。

（三）评议会前增设监督合议：全程监督保预期

因原有评议会每年仅在年底召开一次，紫荆居民区居民提出了自己的想法，认为一年开一次评议会远远不够，监督评估要贯穿于社区公共事务实施的始终，或者每个季度都要对居委会和街道的工作进行监督。为满足居民需求，紫荆居委会在党总支的带领下，在评议会前增设了监督合议环节，开展监督合议的次数根据事项的重要程度决定。在监督合议环节，党组织依据公共事务的性质引入具有专业资质的第三方监督和民主自治监督，对监督过程中发现的问题及时督促整改，有效弥补了原有评议会只能在年底发现问题待来年整改的局限性，不仅保证了项目的顺利完成，而且能让项目结果符合预期，使评议会成为表扬会。

在评议会前增设了监督合议后，评议会基本上以表扬会的形式收场。（紫荆居民区原党总支书记马骥）

如今，紫荆居民区因不断深化“三会”制度，民主自治之花绽放得更加绚烂，居民的自治热情也被点燃。在创建全国文明城区期间，紫荆居民区的小朋友们联名提出由他们自己作画扮靓小区的议题。于是，小区道路两旁悬挂起了充满童真色彩的画作。小朋友们还主动提出要做小小志愿者，清理小区花坛，守护美好家园。

由此可见，“三会”制度的深化与实施使社区的动员能力不断增强，活力不断被激发出来，自治参与更加多元化，居民参与更加主动。如今，在五里桥街道，民主协商已经成为一种习惯体现在社区工作的方方面面。对于居民区工作而言，“三会”制度作为民主协商的保障机制，更好地体现了五里桥街道践行“人民城市人民建，人民城市为人民”的重要理念。

2017 年，“三会”制度被写入上海市新修订的《上海市居民委员会工作条例》，成为法定制度。这标志着“三会”制度基本成熟并定型。2018 年，“三会”制度入选“上海改革开放标志性首创案例”，以“三会”制度为核心内容的紫荆社区工作法入选“民政部 100 个优秀社区工作法”，被评为“全国社区治理优秀工作法”。2019 年，“新时代优秀社区工作法展示暨基层群众自治‘三会’制度实践 20 周年研讨会”在五里桥街道社区文化活动中心举办，并在会上发布了《黄浦区关于进一步健全和完善居民区“三会”制度的指导意见》。2020 年，“‘三会’制度在新时代社区治理中的实践价值研究”项目的研究报告《上海市黄浦区五里桥街道在基层社区治理中探索“三会”制度》发表在《上海蓝皮书：上海社会发展报告(2020)——全面建设小康社会》上。诸多殊荣进一步表明有关方面对“三会”制度在基层民主协商中发挥的重要作用的认可和肯定。

四、“三会”制度操作规范

（一）听证会制度(议题征询—听证会配套公示制)

1. 议题征询

议题征询是一种民情征询和议题形成的会议制度。通过多部门联合服务走访、党组织及居委会联系走访、社区民警走访、居民区联席会议等制度以及“两代表一委员”、居民会议代表、居民区自治组织及相关政府部门提出意见等渠道征集民意，居民区党组织或居委会召集社区各方代表参与，对收集的社情民意、自治议题等进行讨论，对通过议题征询、符合听证会内容的议题形成议案，由听证会进一步处理解决。

(1) 适用事项。议题征询适用于本社区公共利益的公共议题。

(2) 议题的产生方式。其主要有如下几种：① “两代表一委员”个人或联名书面提出；② 10%以上的居民会议代表联名书面提出；③ 居民区党组织或居委会书面提出；④ 居民区自治组织书面提出。

(3) 会前。议题征询前，居民区党组织或居委会需要做如下工作：① 确定会议时间、地点。② 征集议题，议题发起方须于会议召开前15日提交书面议题。③ 确定会议主持人，一般由居民区党组织书记或居委会主任担任。④ 确定参会人员范围(见图3-2)和应到会人员名单。⑤ 确定会议议程及相关会议材料。⑥ 发放会议通知。议题征询原则上每半年召开一次，且一般应提前3日以书面形式告知与会人员。若遇重大紧急事项，则可临时通知召开会议。

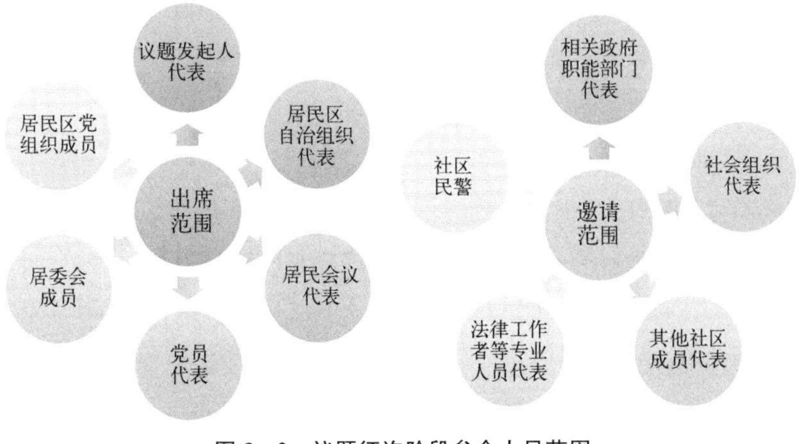

图3-2 议题征询阶段参会人员范围

(4) 会中。议题征询过程中，相关人员需要做如下工作：① 主持人介绍与会人员，并通报征询事项相关情况；② 由议题发起方代表进行陈述；③ 与会各方发表意见，并进行沟通交流；④ 主持人在归纳各方观点的基础上进行总结，并提交会议表决；⑤ 出席人员参加表决，过半数同意视作通过；⑥ 做好会议签到、会议记录、材料发放等工作。

（5）会后。议题征询结束后，相关人员还应做好如下工作：① 征询议题获表决通过后形成的议案，应当以适当的方式在居民区进行公示。② 议案若是居委会或其他单一部门可解决的事项，则要以书面形式抄报相关部门处理解决；若属政府实事项目、涉及社区公共利益的重大事项，则提交听证会决策，并由居委会将议案以书面形式抄送相关政府职能部门或街道办事处。③ 做好会议记录及相关材料的整理和归档工作。

2. 听证会

听证会是指政府有关部门或居委会在社区实施的项目或涉及居民群众切身利益的重大事项，在做出决策前，由居委会组织部分社区成员代表召开会议、广泛讨论、提出具体意见的会议制度。

（1）适用范围。听证会的适用范围如下：① 涉及本社区成员切身利益的近期建设规划项目（市、区重大建设工程项目除外）；② 涉及本社区的市、区、街道的政府实事工程（项目）；③ 涉及本社区社会稳定的事项；④ 议题征询环节决定提请听证的事项；⑤ 其他需要听证的事项。

（2）会前。召开听证会之前，相关人员需要做如下工作：

① 会议通知准备。主要包括居委会成立听证小组（听证小组组长一般由居委会主任担任，听证小组成员一般包括居民区党组织成员代表、居委会成员代表、居民区自治组织代表、居民会议代表、社区单位代表等）；确定会议时间、地点、听证内容；确定会议主持人（一般由居委会主任担任）；确定参会人员范围（见图 3－3）及应到会人员名单；确定会议议程及相关会议材料；发放会议通知（明确时间、地点、参与听证的人员、听证内容等）。一般应提前 7 日以书面形式告知参会人员，遇重大紧急事项可临时通知召开。

② 居委会决定召集听证会的，应在收到相关政府部门书面听证要求和内容的 7 日内，或者议题征询环节提请听证的议案公示结束后，以书面形式告知相关政府部门。

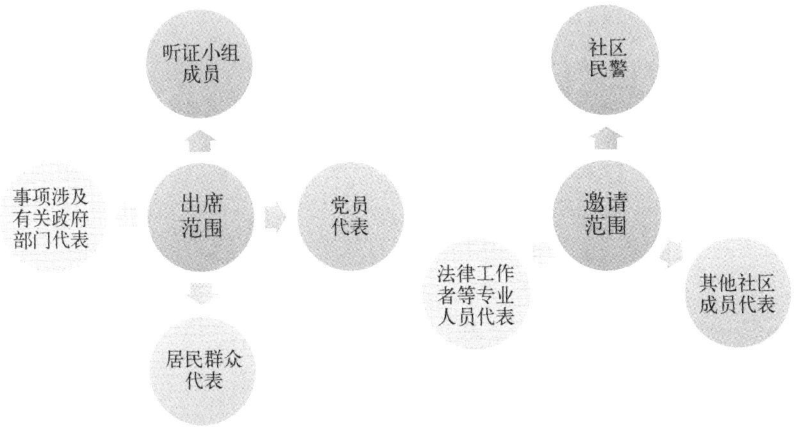

图 3-3 听证会参会人员范围

③ 召开听证会之前，居委会应对需要听证的事项，在议题征询的基础上，进行广泛、深入的调查摸底，以掌握基本情况，征求居民群众的意见。

④ 听证会只有在应到人数过半出席时，才能举行。会前居委会应确保通知到听证会参与人员并了解参会人员的出席情况。

(3) 会中。听证会召开过程中，相关人员需要做如下工作：① 主持人报告议题、会议议程，介绍与会人员，明确听证会纪律。② 议题发起方代表报告议题相关情况。③ 听证会成员对听证事项进行充分讨论。④ 相关议题发起方代表回答与会人员的咨询提问。⑤ 表决和形成听证决议。表决方式可由居委会根据听证事项的实际情况决定，形成的听证决议必须由过半数出席人员同意方为通过。⑥ 做好会议签到、会议记录、材料发放等工作。

(4) 会后。听证会结束后，相关人员应做好如下工作：① 居委会应在听证会结束后的 7 日内，将听证会结果通过适当的方式在居民区公示，公示文书应加盖居委会和相关政府部门或相关单位的公章，公示期为 7 天；公示期间若有异议，则由居委会和相关部门或单位商议。居民有权利对公示内容的执行情况进行监督、反映。② 听证事项涉及相关政府部门或街道办事处的，由居委会将听证会结果以书面形式抄报相关政府部门或街道办事处。

③ 做好会议记录及相关材料的整理、归档工作。

3. 公示制

公示制是指将议题征询环节形成的相关议案、听证会内容和听证会结果进行公示的制度。议题征询结束后形成的相关议案，听证会召开的时间、地点、参会人员、听证内容以及听证会结果，应当通过适当的方式在居民区醒目位置予以公示，让居民群众广泛知晓。

（二）协调会制度（民主恳谈—协调会配套责任制）

1. 民主恳谈

民主恳谈是针对涉及社区公共利益的有关事项、社区成员间的一般矛盾和利益冲突，召集当事人一方或多方召开的协商会议。开展民主恳谈旨在确认当事人的矛盾纠纷焦点，告知当事人法律法规规定，明确当事人权利和义务，促成当事人在协调会上达成一致意见。

（1）适用范围。民主恳谈的适用范围如下：① 涉及社区公共利益的有关事务；② 涉及社区成员之间的一般矛盾、利益冲突；③ 当事人请求协商处理的其他矛盾。

（2）会前。相关人员需要做如下工作：① 确定会议时间和地点。② 确定会议主持人。涉及社区成员间的一般矛盾和利益冲突的，会议主持人由居委会调解委员会成员担任；涉及社区公共利益事项的，会议主持人一般由居委会主任担任。③ 确定参会人员范围（见图 3－4、图 3－5）和应到会人员名单。④ 确定会议议程及相关会议材料。⑤ 发放会议通知。民主恳谈的召开一般应提前 1～3 日告知与会人员。若遇到矛盾激化、重大纠纷和冲突或经当事人同意的，则可临时通知召开民主恳谈。

（3）会中。民主恳谈过程中，相关人员需要做如下工作：① 主持人介绍与会人员，通报民主恳谈协商事项相关情况。② 当事人陈述事实和理由。③ 主持人询问当事人，明确矛盾冲突或分歧的焦点。④ 其他与会人员围绕恳谈事项发表意见。⑤ 在主持人的引导下，当事人就矛盾、纠纷进行恳谈，告知当事人法律法规规定，明确当事人权利和义务。若当事人经恳谈达成

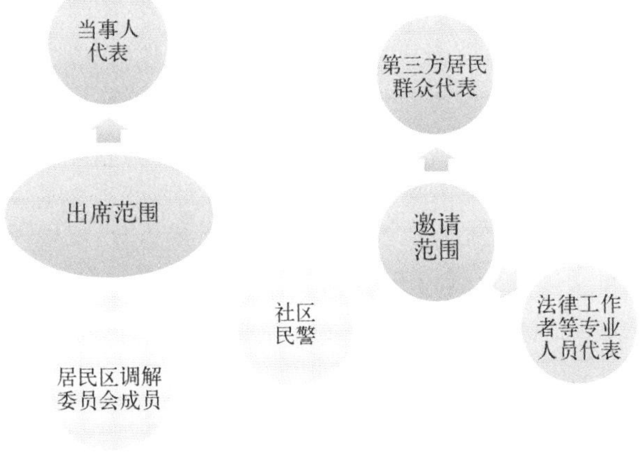

图 3-4 涉及社区成员间一般矛盾、利益冲突的参会人员范围

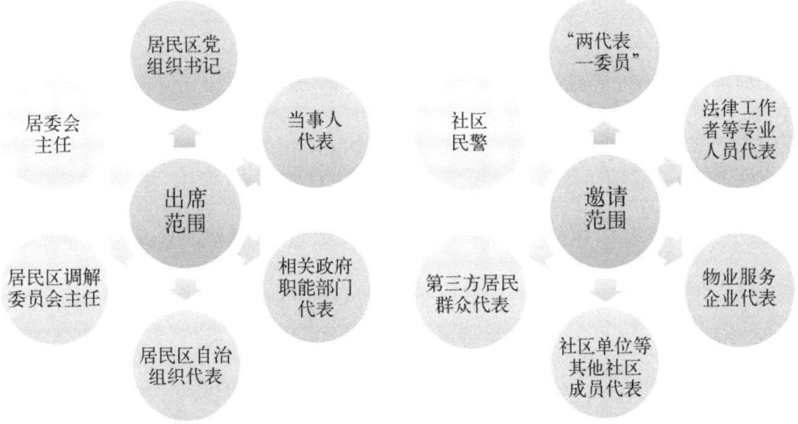

图 3-5 涉及社区公共利益事项的参会人员范围

统一意见,则可在会议记录上明确当事人应履行的义务并由当事人及参会人员签名;也可根据需要制作调解文书,由当事人及参会人员在调解文书上签名。⑥ 做好会议签到、会议记录、发放会议材料等工作。

(4) 会后。民主恳谈结束后,若当事人达成了统一意见,则居委会应对当事人应履行的义务或调解文书的执行情况进行监督,并督促责任方执行落实。若当事人未达成统一意见,则分两种情况:一是涉及社区成员间的一般矛盾和利益冲突的事项,在与当事人各方展开民主恳谈后,由居委会调解委员会成员、居民区自治组织代表等共同梳理、分析、汇总当事人各方的利益诉求，协商探讨在协调会上可能达成一致意见的解决方案；二是涉及社区公共利益的事项，在与当事人各方或多方展开民主恳谈后，由居民区党组织书记、居委会主任、居委会调解委员会成员、相关政府职能部门代表、物业服务企业代表、业委会主任、居民区自治组织代表等共同梳理、分析、汇总当事人各方的利益诉求，协商探讨在协调会上可能达成一致意见的解决方案。此外，还要做好会议记录及相关材料的整理和归档工作。

2. 协调会

协调会是指对涉及社区公共利益以及社区成员间的一般矛盾或利益冲突进行协商处理的会议制度。

（1）适用范围。协调会的适用范围如下：① 涉及社区公共利益的有关事务；② 涉及社区成员之间一般矛盾或利益冲突的事务；③ 当事人请求协商处理的其他矛盾。

（2）会前。召开协调会之前，相关人员需要做如下工作：① 确定会议时间和地点；② 确定会议主持人，一般由居委会主任或居委会调解委员会成员担任；③ 确定参加会议人员范围（见图 3－6）及应到会人员名单；④ 确定会议议程及相关会议材料；⑤ 发放会议通知。

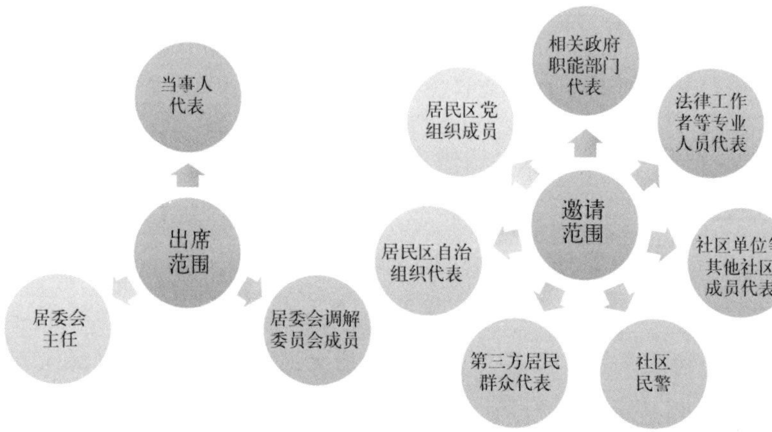

图 3－6　协调会参会人员范围

召开协调会应提前以书面形式告知与会人员。涉及社区成员公共利益事项的一般应提前3～7日通知;涉及社区成员间的一般矛盾和利益冲突的一般应提前1～3日通知。若遇到矛盾激化、重大纠纷和冲突或经当事人同意的,则可临时通知召开协调会。

(3) 会中。协调会召开过程中,相关人员需要做如下工作:① 主持人介绍会议议程、与会人员,明确协调会纪律,通报协调事项相关情况。② 当事人陈述事实和理由。③ 主持人分别询问当事人,明确矛盾、冲突或分歧的焦点。④ 其他与会人员围绕协调事项发表意见。⑤ 在主持人的引导下,当事人就矛盾及利益冲突进行民主协商。⑥ 对于经协调达成一致意见的事项,制作调解文书或会议纪要,由当事人核对后签名,参加协调会的其他人员也应签名,并视情况加盖相关单位印章;对于经协调未达成一致意见的事项,由当事人及其他参与协调会的人员在会议记录上签名,并由主持人告知当事人通过其他途径另行解决。⑦ 做好会议签到、会议记录、发放会议材料等工作。

(4) 会后。调协会结束后,相关方还应做好如下工作:① 对于协调会上达成一致意见的事项,居委会和相关职能部门应对调解文书或会议纪要的执行情况进行监督,并督促责任方按照协议书执行落实。涉及社区公共利益的事项可根据实际情况以适当的方式在民居区进行公示。② 对于协调会上未能达成一致意见的事项,若会后当事人达成一致意见,则须形成书面材料,当事人签名后将副本交于居委会存档;若会后当事人未达成一致意见,并且提出再次召开协调会的要求,则居委会应予以同意,但召开同一内容的协调会议一般以两次为限。③ 对于两次协调会后,仍不能解决的事项,应当告知有关当事人依法向法院起诉或寻求其他法律途径解决,居委会可视情况向相关职能部门反映。

3. 责任制

责任制是指经民主恳谈或协调会达成一致意见的事项,须形成调解文书或会议纪要,明确当事人的权利和义务,落实责任人,并明确具体方案、工作措施、进度安排等事项的制度。相关当事人、责任人须在文书上签名盖章,需要解决的问题要落实到具体责任方及责任对象,并由居委会和相关职能部门督促责任方予以执行落实。

（三）评议会制度（监督合议—评议会配套承诺制）

1. 监督合议

监督合议是指通过建立第三方专业监督与居委会、居民区自治组织代表、社区成员代表、居民群众代表民主监督相结合的综合评价体系，对涉及社区公共利益的事项的解决过程与结果进行全程监督，并对存在的问题及时通报反馈、督促处理的会议制度。

（1）适用范围。监督合议主要适用于正在实施的涉及社区公共利益的有关事项。

（2）会前。监督合议前，相关人员需要做如下工作：① 居委会主任牵头成立巡访小组并担任组长，巡访小组成员包括专业监督方（如第三方监督机构）和群众监督方（如居民区党组织成员代表、居委会成员代表、居民区自治组织代表、居民群众代表、社区单位代表等）；② 专业监督方和群众监督方对涉及社区公共利益的事项的实施情况分别进行监督评估；③ 由组长汇总监督情况，形成监督报告；④ 确定会议时间、地点；⑤ 确定会议主持人，一般由巡访小组组长担任；⑥ 确定参会人员范围（见图 3－7）及应到会人员名单；⑦ 确定会议议程及相关会议材料；⑧ 发放会议通知。

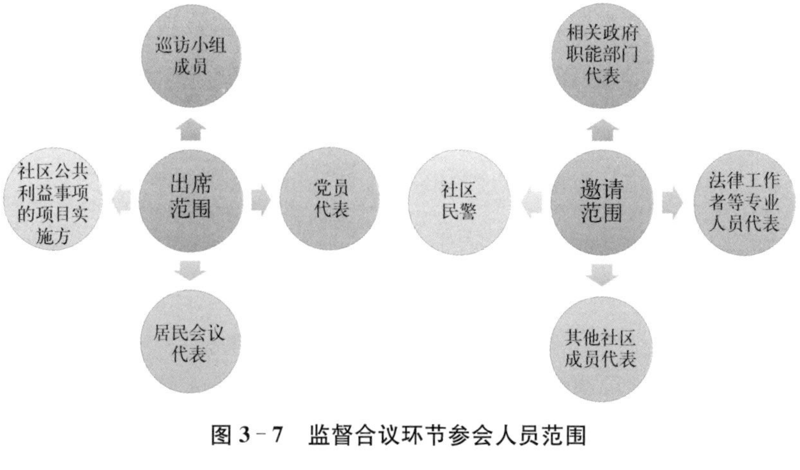

图 3－7　监督合议环节参会人员范围

开展监督合议工作，一般应提前1～3日以书面形式告知与会人员。

（3）会中。监督合议开展过程中，相关人员需要做如下工作：① 主持人介绍与会人员；② 项目实施方代表通报项目进展情况；③ 主持人通报项目监督报告；④ 与会人员围绕项目实施情况及监督报告发表意见；⑤ 项目实施方针对报告及与会人员意见予以说明或对存在问题提出整改意见；⑥ 与会人员就整改意见进行协商；⑦ 做好会议签到、会议记录、发放会议材料等工作。

（4）会后。监督合议结束后，相关人员还应做好如下工作：① 巡访小组将监督报告与整改意见书等书面材料交给项目实施方，并负责继续督促项目实施方落实整改意见，相关情况在评议会上予以通报；② 做好会议记录与相关材料的整理、归档工作。

2. 评议会

评议会是指由居委会组织社区成员代表对相关工作机构、单位及其工作人员的工作或涉及社区公共利益的有关事项进行评议的会议制度。

（1）适用范围。评议会的适用范围如下：① 贯彻落实市、区有关社区工作，完成社区工作目标和任务等方面的总体情况；② 街道办事处、区政府职能部门派出机构及其相关工作人员履行社区工作职能、完成相关工作的情况；③ 相关部门参与社区共建的情况；④ 供水、供电、供气、环境卫生、园林绿化等公共服务单位的服务情况；⑤ 业委会、物业服务企业及其工作人员和居民区社区工作者的履职情况；⑥ 涉及社区公共利益有关事项的工作开展情况；⑦ 其他有关社区建设和管理的专项任务的完成情况。

（2）形式。针对相关工作机构、单位及其工作人员开展的评议会，一般采取综合评议的形式。居委会根据相关工作机构、单位的要求和社区工作的实际需要开展评议会，原则上于每年年底开展。居委会根据实际情况，也可以采取专题评议、考察评议等不定期评议的形式。对于涉及社区公共利益的有关事项的评议会，一般于事项结束时开展。居委会及其成员应当接受居民会议对其履职情况的民主评议，听取居民意见，每年不少于一次。

(3) 会前。评议会开展前，居委会需要做如下工作：① 成立评议小组，确定会议主持人。评议小组组长一般由居委会主任担任，评议小组成员包括居民区党组织成员代表、居委会成员代表、居民区自治组织代表、居民群众代表、社区单位代表等。若对事项进行评议，则由第三方参与监督；② 召开评议会前15日内，评议小组可通知被评议对象递交工作总结等相关工作材料；③ 评议小组采取座谈会、访谈等形式对被评议对象进行考察，对机构及其工作人员的工作情况形成初步评议意见，对事项的工作情况形成评议报告；④ 确定会议时间、地点；⑤ 确定参会人员范围(见图3-8)和应到会人员名单；⑥ 确定会议议程及相关会议材料；⑦ 发放会议通知。评议会的召开一般应提前3～7日以书面形式告知与会人员。

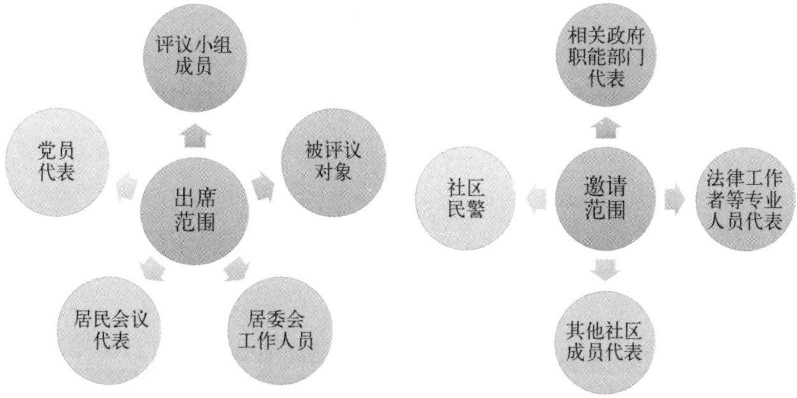

图3-8 评议会参会人员范围

(4) 会中。评议会开展过程中，相关人员需要做如下工作：① 主持人介绍会议议程、与会人员，明确评议会纪律；② 被评议对象报告工作情况、存在问题等，对事项的评议还应报告整改措施或对策建议等；③ 主持人通报评议报告(主要为对事项的评议)；④ 与会人员充分讨论；⑤ 根据实际情况打分或给予"优秀、合格、基本合格、不合格"其中之一的评议结论，对事项的评议应形成书面评议意见；⑥ 做好会议签到、会议记录、发放会议材料等工作。

(5) 会后。评议会结束后，相关方还应做好如下工作：① 居委会于评议会召开后的7日内将评议意见以书面形式反馈给被评议对象及其上级主管部门和街道办事处。若被评议对象涉及多个居民区，则由街道办事处汇总各居委会评议意见后统一反馈给被评议对象及其上级主管部门；② 被评议对象收到评议意见后，应在15个工作日内做出整改承诺；对提出的问题和建议做出书面整改计划，含具体的整改目标、措施和时限，并由相关单位、部门负责人或个人签署意见后提交居委会备案；③ 评议小组应根据实际情况及时向居民区通报评议情况和结果，并就被评议对象执行整改承诺的情况进行跟踪监督，适时向居民区通报并反馈给其上级主管部门；④ 做好会议记录及相关材料的整理和归档工作。

3. 承诺制

承诺制是指被评议的单位、部门或个人针对评议中提出的问题做出整改承诺的制度。被评议对象要针对提出的问题和建议做出书面整改计划，含具体的整改目标、措施和时限，并由单位、部门负责人或个人签署意见后提交居委会备案。整改承诺内容要同被评议单位、部门的各项管理工作紧密结合，由评议小组就整改承诺情况进行跟踪监督及反馈。建议将评议结果纳入岗位目标考评，使评议和承诺真正起到民主监督作用。

第四章　五里桥街道“三会”制度的实践案例

案例一：“三会”制度在春江小区“美丽家园”建设中的应用

一、背景介绍

老旧小区作为城市存量用地的“主角”，因为缺乏经济利益的更新驱动，长期以来是城市发展中的“弱势空间”，更是城市存量空间更新的痛点和社会治理的难点。[①] 为激活城市存量空间，灵活推进存量空间的有机更新，实现“安全有序、整洁舒适、环境宜居、幸福和谐”的人居环境目标，2018 年 1 月，上海市发布《贯彻落实〈中共上海市委、上海市人民政府关于加强本市城市管理精细化工作实施意见〉三年行动计划（2018—2020 年）》，明确了“以

① 陆勇峰：《老旧社区人居环境“微更新”的理念创新与规划实践——以上海“美丽家园”建设为例》，载《2019 城市发展与规划论文集》，2019 年 8 月 27 日。

人为本”的城市管理核心思想，积极推进“美丽家园”建设，强调“推进住宅小区综合治理，持续改善住宅小区居住环境”。坚持以人为本，意味着“美丽家园”建设要以居民需求为导向，更注重居民的有序参与，更关注居民的主体感受，满足居民对美好生活的向往和期待。

春江小区位于五里桥街道龙华居民区，始建于20世纪80年代，是一个有着近40年历史的售后公房小区，由8栋小高层和1栋高层组成，共有383户居民，约1 000人。该小区的老年群体占比较大，占总人口的40%，老龄化程度较高。由于年久失修，小区内许多公共设施承载社区公共活动的能力大幅下降，存在诸多治理顽疾，给人留下了“破旧、无序、安全隐患重重”的不良印象，如非机动车库老旧、葡萄架钢筋外露、休闲步道坑洼不平、健身器材超期服役等。日益凸显的居住环境问题与居民日益增长的景观性和功能性需求背道而驰。

去除沉疴顽疾，改变势在必行。2019年10月，龙华居民区以五里桥街道精细化管理为目标，以“美丽家园”建设为契机，运用党建引领居民自治的“三会”制度，拉开了推进春江小区人居环境整治工作的帷幕。

二、“三会”制度实践

（一）议题征询：改造“什么”，居民说了算

开展“美丽家园”建设工作，改善小区人居环境，首要的任务是解决“改造什么”的问题。回答好这个问题，一定要注重小区居民的主体性，由居民自己说了算。“美丽家园”建设工程是涉及小区内300多户居民切身利益的大工程。因此，居民区党总支和居委会围绕“美丽家园”建设首先开展议题征询工作，通过常规走访调研并辅以发放议题征询表的方式广征民意，了解居民诉求。议题征询表的发放有效弥补了常规走访调研的不足，让每一位居民均有机会以书面形式表达自己的诉求，同时也吸引了更多的年轻居民参与社区治理，为“美丽家园”建设建言献策。

在楼组长的协助下收集完毕议题征询表后，即进入议题梳理环节。龙

华居民区秉持党建引领的理念，率先由党总支依据普遍性、合法性和可操作性三个原则对征集的所有议题进行筛选：对于提议人数较多的普遍性议题，给予较多关注；对于不具合法性的议题（如违章搭建）不予考虑；对于不具备可操作性的议题（如个别居民希望动迁），则做筛除处理。在居民区党总支的精心梳理下，12 个公共议题进入议题征询讨论表决环节。参与该环节的人员除了主动报名的居民代表之外，还有受邀而来的议题发起方代表、居委会委员。居民区党总支负责把控全场，及时指出偏题、跑题的发言，个别问题个别处理，以提高征询表决的效率。会上，先由议题发起方代表对议题展开陈述，每项议题陈述完毕后，与会人员对该议题发表意见，并在充分沟通交流的基础上对议题进行表决。最终，与会人员就小花园改造、非机动车棚翻新、老旧葡萄架修缮、加装公共路灯这 4 个议题达成了共识。

（二）方案筹备：零距离家园理事会初谋定

"美丽家园"建设议题征询环节结束后，改造"什么"的问题迎刃而解。有别于议题征询后直接召开听证会的传统路径，龙华居民区制定了在听证会召开前由零距离家园理事会初步定方案的工作方针。之所以设立这样一套工作机制，是因为"美丽家园"建设是一个需要多方形成合力的大工程，得到物业和业委会的支持尤为必要，而在零距离家园理事会中正好有物业和业委会代表。零距离家园理事会拟订多个初步方案，随后由听证会讨论表决。以非机动车棚翻新为例，原来的非机动车棚未达到国家消防规范要求，消防基础设备严重缺失，如未安装消防喷淋系统、灭火器、烟感警报器等火灾防控基础配套设施，且"飞线"充电问题严重。针对这些问题，零距离家园理事会拟订初步方案，包括安装智能充电桩、配备灭火器、安装消防喷淋系统等，这样既有助于解决"飞线"充电问题，也利于提升非机动车棚的安全指数。再如小花园的改造，参与议事的居民代表提出，小区内老年人占比较大，所以，可以将这一方小天地打造成老年人的健身场所，铺上塑胶跑道，供老年人晨起健身、饭后散步。部分居民代表提出异议，认为小区内儿童数量也较多，为什么不建设成亲子乐园呢？面对两种方案，如何从中寻找一个平衡点？居民的智慧是无穷的，他们提出在塑胶跑道内安装一个滑梯，儿童可在滑梯上玩耍，老人可在塑胶跑道上锻炼身体。这一提议将两个看似相斥的方案融合在一起，两全其美，获得了大家的认可。

（三）听证表决：方案优化由民定

零距离家园理事会制订初步方案后，居委会与施工方进行了对接，在得到施工方的认可后，方案提交听证会进一步表决并完善。听证会前，居委会采取线上线下相结合的方式，告知居民听证会召开的时间、地点和听证内容，以提高听证会召开的知晓度，让更多的声音进入听证会现场。除了主动报名参会的居民外，会议还邀请了居民代表、施工方共同参与。在听证会上，由居民区党总支书记与施工方围绕前期讨论出来的方案具体内容及可行性做介绍。随后，由居民对方案提出异议或完善意见，有关施工类的专业问题则由施工方给予答复，最后举手表决。在此次听证会上，居民就改造葡萄架时是否会建排水系统、下雨天是否会积水等问题进行了询问，施工方做了耐心、细致的解答，居委会则负责做好记录，以便后续优化方案。

（四）发放征询表："关口前移"助改造

听证会结束后即进入公示环节，但龙华居民区在听证会与公示环节之间增设了向全体居民发放征询表的环节，以书面形式征询居民对听证结果所持有的态度，听证结果经三分之二以上的居民同意方可正式通过。这最大限度地避免了改造工程在社区内真正实施后又不断出现各种阻碍的“声音”，也最大限度地降低了启动施工后矛盾和风险出现的可能性。就此次春江小区“美丽家园”建设而言，征询结果是可喜的，增建公共路灯的支持率为96％，建亲子乐园的支持率为95％，葡萄架改造的支持率为89％，非机动车棚改造的支持率为87％，都远高于三分之二的标准。

（五）方案公示：零距离家园理事会来答疑

方案通过征询后进入公示环节。对于7日公示期内居民提出的问题，龙华居民区党总支做出了特定的答疑安排：部分能及时澄清的问题，如施工周期、施工具体时间等，统一由居委会作答；对方案持有不同意见的居民，由零距离家园理事会负责接待，让居民自己服务自己。

这一套答疑机制的创设缘于龙华居民区党总支书记的一次走访。春江居民区有位业主苦恼于家中漏水问题，物业工作人员多次上门维修但效果不佳。为了彻底解决房屋漏水问题，业主邀请物业公司经理带队上门维修，但房屋依旧漏水，致使业主心中怒火难平，与物业公司经理在小区内发生了争执。争执之初，只有2位居民围观。随着争执声越发响亮，围观居民越来越多。在"集聚效应"的影响下，居民都开始"你一言我一语"地数落物业公司，指责物业公司管理不当、服务欠佳。面对居民的声讨，物业公司经理无力反驳。当时，龙华居民区党总支书记恰巧在春江小区走访，他加入了围观居民的队伍，试图弄清事情的原委，观察事态的演进。一位党员挺身而出，使情况有了转机。这位党员郑重其事地说道："针对维修的问题，物业一定会想办法解决的，大家一步一个脚印去改变，慢慢地都会变好的。"话音刚落，居民们都停止了声讨，一场风波就此化解。此时，站在一旁的党总支书记感慨道："群众自己去做自己的工作，效果立竿见影，比居委会或街道去做有效多了。"

回到工作岗位后，党总支书记将感慨转化为行动，将"群众自己做自己的工作"这一理念嵌入居民区工作当中。对公示后居民提出的不同意见，统一交予零距离家园理事会解答，让自治更有章法、工作更为有序。

（六）多次协调：让居民喝上健康水

古语有云，造船过河不如借船过河。居民区治理与此有异曲同工之妙，仅凭居委会的一己之力，远不足以将小区构筑成舒适宜居之所。居委会在进行居民区治理时，要善于借助包括社会组织、家园理事会、业委会、共建单位、社区基金会在内的多元主体的力量，通过发挥各方优势，参与社区建设，共促社区发展。在春江小区"美丽家园"建设过程中，龙华居民区积极发挥党建引领作用，建立了联动联建机制，以党建引领整合资源，将共建单位的资源引入"美丽家园"建设中，共促"美丽家园"建设的有序推进。例如，与共建单位黄浦区科学技术协会合作将葡萄架打造成科普走廊，并绘制了二十四节气墙绘；在拟定亲子乐园规则时，社区结对律师采用“云坐班”形式给予了专业意见；引入“上水公司”（上海上水自来水特种工程有限公司）资源，与其开展党建共建，获得资金与技术双保障，使小区内的供水设施得以更新，破解了供水设施老化难题。

供水设施更新并非议题征询阶段由居民提出的议题，但的确是春江小区“美丽家园”建设工程中一个具有较多矛盾点的项目。上水公司计划在上海打造“老旧小区高品质用水示范点”，于是向春江小区抛来了橄榄枝。对于步入“老龄化”阶段的春江小区而言，因水管老化等问题引发的邻里矛盾与物业纠纷频频出现，供水设施（如公共水管）确有更换之需。但上水公司具体要更换哪些供水设施？生活在小区里的居民会有哪些意见？负责小区维修业务的物业公司会怎么看？这些问题需要一一解决。

为推进这一项目，2020 年 4 月 20 日，在党总支的牵头下，春江小区水泵房改造协调会正式召开，特意邀请了上水公司党总支书记、小区物业公司经理、业委会主任、社区民警参会。会上，上水公司对计划改造的子项目进行了陈述，项目内容主要包括水泵房安装德国进口水泵、公共水管换成 304 不锈钢管、水池用不锈钢铺设等。物业公司经理立即提出反对意见，因为使用高端材质意味着后续会有高维修成本。居民区党总支则犹豫不决。面对物业公司的反对和居民区党总支的迟疑，上水公司提议随即开挖一个路段进行采样，将埋藏在地下的公共水管暴露于外。只见那公共水管的内胆锈迹斑斑。随后，上水公司又带着相关人员前往楼顶查看老式二次供水蓄水池，只见蓄水池内杂草丛生、青苔漂浮，卫生情况堪忧，这给居民饮水安全埋下了极大隐患。经过一轮实地勘察，居民区召开了两委会议，大家通过讨论，一致决定更新供水设施。用居民区党总支书记的话来说就是“用水问题和居民健康息息相关，总不能让居民每天都喝锈水、脏水吧，我们要真正解决好老百姓的‘急难愁盼’问题”。

但小区内供水设施更新是个大工程，需要听取并协调各方意见，达成共识后方可开展。居民区党总支秉持先统一小区管理方意见，再听证于民的步骤开展工作。首先，针对物业公司的反对态度，居民区党总支牵头召开了由上水公司、居委会、业委会、物业公司参与的协调会。协调会上，上水公司与物业公司就后续的维修方案达成了共识。小区内部管理方的意见统一后，居民区党总支牵头召开了居民听证会，由上水公司向居民讲解施工方案，并征求居民的意见。生活在小区的居民作为受施工影响最大的一方，提出了许多意见。例如，改造的时候免不了凿地挖槽，手脚不麻利的老年人怎么行走？小区里那么多机动车怎么停？现在正值盛夏，楼道里面更换水管、改造水泵房导致断水怎么办？

为了尽可能减少施工对居民生活的影响，居民区党总支与居委会多次召集物业公司、业委会商讨解决办法，并与上水公司开展党建共建，积极协调满足居民诉求。经过一次次的商讨、一次次的协调，最终形成应对方案：第一，小区道路更换公共水管，实施分段开挖方案。第二，小区居民停车，统一凭借出入证免费停至辖区单位地下停车库，费用由上水公司统一支付。第三，每天晚上5点之前必须恢复供水，保证居民下班后正常用水。若有紧急情况，居委会负责在微信群内提前通知，并在每栋楼的楼道内张贴公告。此外，停水期间，由上水公司出资，为每户居民发放一箱矿泉水。这一方案在一定程度上解决了居民提出的停水、停车及通行难题，获得了居民的一致同意。为了明确各方责任，厘清各方义务，便于后续各方履责，龙华居民区与上水公司签订了责任协议，工程顺利铺开。

但施工过程并非一帆风顺，其间也出现了插曲。例如，某天晚上9点，在没有任何预先通知的情况下，有些居民澡还没洗完、碗还没洗好就停水了，小区微信群中抱怨不断。原来，上水公司在水泵房改造时采用了先进的水质监测设备，安装好后无法启动，才闹了这么一出断水风波。居民区党总支和居委会工作人员立即前往现场，一边与上水公司协调，要求上水公司在2小时内解决，一边组织楼组长、党员入户做好居民的情绪安抚和解释工作。若居民需要前往澡堂洗澡，产生的费用则由居委会与上水公司协调后统一报销。线下解释工作有序展开，线上解释工作也同步进行，居委会工作人员将暴雨中紧急抢修的情景拍成照片并发至小区微信群内，让居民切实感受到工作人员正在努力解决问题的诚意和行动。经过这一番努力，居民们由抱怨转向理解，由不悦转为释怀，部分居民还在群里做起了解释工作：“这是临时性的突发问题，工作人员也在极力抢修，大家都相互理解一下。”

在上水公司的竭力支持和居民区“三驾马车”的有力配合下，小区内供水设施焕然一新。原来锈迹斑斑的公共水管替换成了 304 不锈钢管，崭新的 316 应用级水管矗立在楼道中，水泵房内安装了先进的水质检测器，二次供水池由原来的“6 天一循环”变为现在的“6 小时一循环”，居民用水的洁净程度大大提高。

（七）现场评议：“高龄”小区焕发出“青春活力”

春江小区“美丽家园”建设项目接近尾声，进入验收环节。居民作为小区的主人，理所应当由他们来参与验收。2020 年 9 月 7 日，龙华居民区党总支组织召开了春江小区“美丽家园”建设评议会，邀请居民代表、物业公司成员、业委会成员进入各项目竣工现场参与评议，旨在听取与会各方对此次“美丽家园”建设行动的意见和建议。评议会上，居民区党总支书记汇报了“美丽家园”建设的总体情况，并带领与会各方进入各项目竣工现场查看。居民代表看到小区内发生的巨大变化，喜悦之情溢于言表。

一位居民称赞道：“我们小区原来的小花园满地杂草，无法进入。召开听证会以后，改变了乱晾晒情况，建设了亲子乐园，现在小朋友在里面玩得很开心。”

另一位居民感慨道：“美丽家园美丽景，小区居民乐在心。”

除了现场评议，春江小区微信群也成了居民自发评议的平台。春江小区改造好以后，居民将手机镜头聚焦于小区焕然一新处，将拍下的照片发送至春江小区微信群中。从中可见，居民对“美丽家园”建设这一惠民工程有较高的认可度，获得感和幸福感也油然而生。如果你漫步在春江小区，就会发现许多“看得见的变化”让这个步入“高龄”的小区焕发出了“青春活力”：曾经无人问津的葡萄架变身科普走廊；改造后的亲子乐园成了孩子们眼中的游乐场和老人们常去的健身场；非机动车棚全面升级，智能充电桩和防火设施一应俱全，让充电更方便、安全更有保障……

三、案例小结

春江小区在坚持党建引领的前提下，充分借鉴、传承、运用了"三会"制度，助推"美丽家园"建设完美落幕。在听证环节，居民区党总支梳理社区需求和资源，召开听证会，确保施工项目最大限度符合民意。在协调环节，居民区党总支注重党建共建，建立联动机制，以"四治"（自治、共治、德治、法治）一体的工作理念，秉承各方力量参与的原则，用集体行动处理公共议题和突发矛盾。最后的评议环节为"美丽家园"建设画上了完美的句号。此外，"三驾马车"形成协同发力的共治格局，在"美丽家园"建设项目中实现了同频共振、和谐相处，这也是"美丽家园"建设有序推进的重要因素。

案例点评 1

本案例完美体现了习近平总书记提出的"人人参与、人人尽责、人人享有、人人奉献"的理念。从自下而上的议题征集，到居民参与的协商议事，再到公开透明的公示环节，以及项目验收环节的民主评议，每一个环节都体现了"居民走向台前，居委会退居幕后"的社区治理理念，实现了"居委搭台，居民唱戏"。此外，本案例还有以下两个特点：第一，各环节有机衔接，环环相扣，彰显了"三会"前置的三个环节与配置的"三制"的科学性，而非为了创新而创新；第二，适时发挥了各平台的作用，推进项目的有序开展，如公示环节发挥了零距离家园理事会的作用，协调环节发挥了辖区内共建单位的作用，实现了主体、流程与机制的完美衔接。（唐有财　华东理工大学社会与公共管理学院教授）

案例点评 2

本案例的每个环节都融入了社区各方自身的思考，具有较高的借鉴价值。第一，本案例中，在大范围征集议题后，居民区党总支依据特定原则汇总分析后选取部分议题，再将决定权转交给居民，由居民决定做哪些项目，这真正将"党建引领、民主自治"的理念落地。第二，确立改造议题后未直接进入听证会环节，而是根据"美丽家园"建设项目涉及面广泛的特点，巧妙设计了由零距离家园理事会定方案的制度安排，让多方力量共同参与方案制订，使听证会上有具备说服力的方案可听。（夏凌霞　上海市黄浦区地区办原副主任）

案例二："三会"制度在紫荆新苑环境美化中的应用

一、背景介绍

紫荆新苑位于五里桥街道紫荆居民区，坐落于卢浦大桥之下，东至鲁班路，西接富润路，南邻黄浦江，北抵鲁班公寓，始建于1999年，截至2020年年底共有住户696户，属于市级文明小区。紫荆新苑作为原卢湾区首批商品房小区，居民呈现出素质较高、要求较高、民主意识较高的特点。这既给居民区工作带来了活力，也对居民区工作提出了挑战。

2019年年初，紫荆新苑周边的售后公房小区"美丽家园"建设如火如荼地展开着，老旧小区旧貌换上新颜，获得百姓交口称赞。彼时，紫荆新苑居民虽羡慕不已，却只能"望洋兴叹"。从政策层面而言，"美丽家园"建设不涉及商品房小区改造。但从现实层面而言，拥有20年房龄的紫荆新苑小区确实面临着配套设施老化、环境日益颓败等问题。因此，紫荆新苑小区在2019年展开了两次议题征询工作，居民对小区环境改善提出了集中诉求，成形的议题有环境美化、楼道美化、变废为宝、小区屋檐整修等。面对居民的这些诉求，如何在无政策支持的前提下予以满足，成了紫荆居委会面临的一大社区治理难题。

二、"三会"制度实践

（一）监督合议察不足，多方发力共推进

2019年1月31日，上海市第十五届人民代表大会第二次会议表决通过

《上海市生活垃圾管理条例》，并于 7 月 1 日正式开始实施。在此背景下，紫荆居委会联合物业公司先行先试，开始着手垃圾分类试点工作，但执行效果不尽如人意。

2019 年 5 月，紫荆新苑召开每月例行的"物业服务监督合议会"，会议参与人员有物业公司经理、小区业主、业委会主任以及相关部门的负责人。其间，与会各方围绕垃圾分类工作展开了专题评议，指出了以下几个有待解决的问题：第一，人力成本增加。物业公司经理提出，垃圾分类试点工作铺开后，物业公司保洁人员需要对多个垃圾桶进行分类操作，工作强度增大，人力成本增加；在未发放补贴的情况下，物业公司不堪重负。第二，垃圾分类效果欠佳。业委会主任表示，实施"撤桶计划"后，定时定点投放垃圾给许多居民带来了不便，出现直接将垃圾扔在原垃圾桶位置的现象，致使小区更加脏乱。此外，小区内的老年居民垃圾分类意识薄弱，即使告知他们垃圾需要做分类处理，仍频繁出现混装现象，增加了保洁人员的分拣压力。第三，垃圾厢房管理不规范。小区业主提出湿垃圾未及时处理导致臭味扰民，且垃圾厢房管理细则形同虚设，在一些时段无人开门管理。第四，硬件设施不完善。垃圾厢房旁未安装照明装置，天黑时居民只能摸黑投放。此外，垃圾厢房陈旧、老化，需要进行改造。

此次召开的"物业管理监督合议会"，让居委会察觉到了前期在宣传和引导方面的欠缺，也使其更加明确了改进方向。此后，居委会联合物业公司在梳理问题的基础上，通过罗列任务清单，再由各主体分别认领执行的方式，使垃圾分类工作得以顺利推进。第一，居委会负责跟进每幢楼的垃圾分类宣传工作，加大垃圾分类的宣传力度，并配备志愿者在小区内巡查。第二，物业公司负责人员配备和垃圾桶的摆放、清洗，保证每个垃圾桶每天都能清洗两次，并及时清理居民丢弃在原垃圾桶位置的垃圾。第三，业委会配合物业公司做好垃圾厢房的改建工作，包括贴瓷砖、装水斗、安路灯。此外，业委会还计划用公益性收入为每家每户购买干湿垃圾分类桶，同时配套发放垃圾分类宣传资料，提升居民的垃圾分类意识和分类能力。第四，零距离家园理事会下属团队为居民发放垃圾分类承诺单，举办垃圾分类知识讲座等。

各责任主体认领完任务后，积极行动起来，在紫荆新苑奏响了垃圾分类“进行曲”。多方发力、同步同心开展垃圾分类工作吸引了居民的关注，也赢得了居民的配合。就这样，一首垃圾分类“进行曲”因居民的积极响应转调成了一首“交响乐”。两周后，紫荆新苑小区垃圾分类工作成效显著，居民的垃圾分类意识和能力获得双重提升，垃圾厢房的管理工作也有条不紊地展开着。

（二）探索自治模式，楼道更加舒心

楼道作为公共空间，其脏乱差问题给小区居民造成很大的困扰。物业三天一次的保洁工作并不能满足居民对楼道的卫生要求，楼道治理议题因此顺势而出。紫荆居委会将“微创投”自治项目与楼道治理问题有机结合，为每栋楼设立了 1 000 元自治金，并借助零距离家园理事会平台召集居民代表认领。最终，来自 5 个楼栋的 5 位居民代表认领了 1 000 元自治金。但楼栋自治金怎么花才能有效果呢？居民代表对此一筹莫展。居委会向居民代表提议，运用“三会”制度与居民协商，让居民自己讨论自治金应该如何使用，做到民事民议民决，为楼道治理“撑腰”。

鉴于线下协商讨论存在不少客观局限性，楼道治理专题听证会在微信群内召开，居民区党总支书记、物业公司经理也被拉入群内，围绕“1 000 元自治金如何使用”听取居民意见。微信作为现代信息科学技术的产物，在推进社区建设的同时，也容易引发新问题。在这场线上听证会期间，一个楼组的微信群中就出现了问题。该楼组有位居民在微信群中提出，楼道治理项目应该由物业公司负责，并在微信群内极力吐槽物业公司。一时间，整个微信群瞬间冷场，线上听证会只能在紧张、对立的氛围中结束，这也致使楼道治理项目骨干成员的积极性出现断崖式下降。

一次碰壁，一次清醒。居委会一边积极调整好骨干成员的心态，另一边沿袭传统的工作方式开展入户调查，向居民发放问卷，寻找支持且愿意参与楼道自治的居民。随后，居委会邀请居民召开现场听证会，就"楼道自治"问题展开商讨。听证会上，居民各抒己见，充分表达诉求，提出了以下三个问题：第一，物业服务欠佳，楼道保洁不到位；第二，楼道公约不合理，需要修改；第三，期待楼道改造，但 1 000 元自治金如何使用还有待商讨。

对于居民的诉求，居委会进行了如下几项工作：

针对居民对物业保洁服务的不满，居委会主持召开了协调会，在会上，物业公司代表向居民表达了人手有限且居民所交物业管理费不足的难处。最终，双方就"为每两层住户发放一套清洁工具、鼓励居民爱护楼道卫生"这一折中的方案达成了共识。

针对楼道公约不合理的问题，有一个楼组的居民一致认为"非机动车不能进楼组"这条公约不适用于该楼组。这是因为该楼组底层为商铺，尚有部分可用空间，若将这些可用空间改造为非机动车停放场所，可容纳五六辆非机动车。居委会通过运用零距离家园理事会平台的优势，向房办、消防等职能部门咨询，最终找到了合法的解决途径——在不阻碍消防通道的原则下改建上述可用空间，供居民停放非机动车，这样既满足了居民的诉求，也获得了居民的认可。

针对自治金的使用问题，居委会主动联系社会组织，获取其他社区楼道自治的经验，为居民提供了备选方案，如清除楼道广告、组织居民清洁楼道、发动居民美化楼道等。这些提议为居民打开了思路，他们提出希望将楼道墙面宣传控制在一定范围内，保持楼道的干净、整洁。

有一个楼组的居民在参与 1 000 元楼道自治金项目的过程中，提出了进一步更新楼道的需求。面对居民的诉求，居委会积极响应，联合业委会和物业公司进行协商，最终确定由物业公司提供一支施工队，配合业主完成楼道更新。之后，居委会牵头，组织施工方与居民协商楼道更新的方案。居民的诉求是用品牌涂料刷墙，用防滑瓷砖铺地，用环保油漆喷扶手，并对瓷砖颜色、墙线高度、面积算法进行了确定。此外，施工方还需向居民公开材料的价格、颜色和品牌，在施工前先将样品送至居民家中，待居民确认后再开始施工。就以上细节达成共识后，项目便进入施工方报价环节。居民根据自己的装修经验，将最初的3万元报价砍至1.7万元，这一“战果”让他们乐开了花儿。后期，主要由居民代表与施工方洽谈，签署服务合同，从而使楼道更新工程得以顺利进行。在工程接近尾声之时，底层两户不愿加入楼道更新项目的居民也转变了观念。这是因为他们发现，楼上住户主动将瓷砖铺地延伸到了一楼大门口，这让他们倍感暖心，他们也自愿加入了楼道更新项目，每户出资1 000元，用于购买同色瓷砖铺设楼道。由此可见，楼道更新项目不仅让楼道焕然一新，而且让邻里关系更加和睦。楼道更新项目完成后，居民对施工方一致表示满意，主动支付了工程款。

（三）践行环保艺术，绿地再现生机

以往，紫荆新苑小区绿草茵茵，充满生机。但随着时间的推移，小区的绿化覆盖率逐步减少，黄土裸露问题凸显，补种绿化成效也不佳。在2019年1月的议题征询环节，居民代表提出将废旧自行车、家具、玩具等通过艺术设计，制作成别致、精美的景观雕塑，用于点缀裸露的黄土，以弥补环境的不足。这一想法得到了社区居民的广泛认同，并以高票通过。

为了将想法落地，紫荆居民区党总支寻找各方资源，在五里桥街道文化活动中心张主任的引荐下，结识了上海巴塞当代美术馆的工作人员。该美术馆非常热心于社区公益文化，希望将艺术融于生活，将美观、实用、环保的理念传播于大众。随后，美术馆的艺术设计师跟随紫荆居民区党总支书记走访了紫荆新苑小区。在初步了解居民需求后，设计师开始了景观初稿的设计。

2019年5月7日，“变废为宝”微更新项目听证会在紫荆新苑小区活动室召开。本场听证会由居民区党总支书记主持，共有28名社区各方代表参加，围绕设计师带来的9幅设计作品展开讨论，并进行举手表决。听证会上，设计师从构想、意义、取材等方面对作品进行解读。随后，居民从安全、大小、美观等多方面综合考虑，最终选择了其中4幅设计作品，即用废旧自行车搭建的蝴蝶造型景观、用废旧轮胎制作而成的创意花盆、用废旧彩色衣布缝制而成的十二生肖工艺品、用废旧钢丝和易拉罐组装而成的卢浦大桥雕塑。同时，居民也明确了作品所需征集的材料，如废旧自行车、易拉罐、废旧轮胎、废旧衣物布料等，对作品的安置方位也达成了共识。

方案在居民的参与下确定后，紫荆新苑零距离家园理事会各团队开始逐一运作起来，为项目顺利推进贡献力量。紫荆居民区党总支首先将紫荆居民区的儿童青少年团队纳入"变废为宝"微更新项目中，通过组织"垃圾分类，你我同行"六一儿童节主题活动，将垃圾分类相关知识融入知识竞赛、趣味游戏、环保DIY等活动中，引导儿童青少年从小培养垃圾分类意识，学会如何辨识和处理基础的生活垃圾，同时也引发他们思考如何将废弃物转化为可用之物。

这一举措在一系列"变废为宝"的实践活动中得到了回应。居委会通过发动社区居民捐赠、在清理楼道堆积物的过程中留意选取等方式收集可利用的废旧物品。巴塞当代艺术馆的艺术设计师则负责指导小朋友充分发挥想象力，动手设计、绘画，对可利用的废旧物品进行艺术改造。最终，在居民、设计师和工程师的协助下，《纺布油彩十二生肖》《蝴蝶飘飘动感自行车》《轮胎花盆》《易拉罐卢浦大桥》4幅作品完美呈现出来。这些生动有趣、富有美感的艺术景观，让小区面貌焕然一新，也成了紫荆居民区垃圾分类宣传活动的新阵地，增强了社区居民的环保意识。为了消除安全隐患，确保儿童青少年安全，细心的居民还自发为《蝴蝶飘飘动感自行车》作品挂上了"禁止攀爬"警示牌。

（四）响应居民呼声，"旧帽"换上"新檐"

2010年世博会期间，紫荆新苑小区实施了房屋"平改坡"项目，以提升房屋的"颜值"。历经10余年光景，屋檐饱受风吹日晒，部分出现了老化脱落现象，近两年内就引发了10余起安全事故，这引起了业委会的高度重视。在2019年1月的议题表决会上，业委会主任提出了对屋檐安全隐患的担忧，希望利用维修基金对屋檐进行修缮加固。这一提议当场受到了与会居民的热烈响应，并以全票通过。

屋檐修缮项目涉及大额维修资金。因此，居民区党总支向街道呼吁求援，希望得到有关部门的支持。街道分管部门领导高度重视，特地带领工程技术人员查勘小区屋檐破损情况，与业委会主任和物业公司经理探讨、协商施工方案。在街道的大力支持以及物业公司、业委会、工程技术人员的努力下，屋檐修缮方案出炉，并通过了可行性论证。2019 年 11 月，屋檐修缮方案得以提交业主大会投票表决，最终获表决通过。

随后，紫荆居民区党总支召集居委会、紫荆新苑业委会、物业公司、施工承包单位召开项目协调会，就施工宗旨、施工计划、开工时间、施工细则等达成共识，同时形成“责任记录”，如业委会负责监督，物业公司负责监理，施工单位负责设计规划图纸和维修工作，并将具体责任落实到合同中。在初步方案确定后，为了促进居民对项目的深度了解，听取居民对施工的具体意见，2020 年 5 月 8 日，居民区党总支牵头召开了关于修缮屋檐项目的听证会，邀请紫荆新苑居民代表参与听证会。听证会上，业委会主任具体阐述了施工启动时间、完成时间及 6 个施工阶段；施工承包方项目经理解释了施工方式及安全事宜，并就与会居民代表提出的疑惑进行解答。其中，一位居民代表提出，屋檐修缮属于高空作业，存在一定的安全隐患，需要增加防护网，以保障施工人员和小区居民的人身安全。考虑到这一提议的合理性与可操作性，施工方案得到及时调整。物业公司经理表示会做好施工安全的监督工作，保证工程顺利完成。经过表决，修缮屋檐方案获与会人员一致通过。

在屋檐修缮项目开展过程中，物业公司加强安全监督，居委会实时协助居民了解项目的款项使用和实际运作情况。2020 年 7 月，紫荆新苑小区 19 幢居民楼的屋檐修缮工程顺利竣工。随后，紫荆居民区党总支牵头召开了紫荆新苑屋檐修缮项目评议会，邀请居民代表参与项目成果评估。评议会上，紫荆新苑物业经理总结了施工成果，业委会主任汇报了施工进展及工程款使用说明，居委会主任表示施工过程中无安全问题。居民代表表示，屋檐维修项目是小区里的大事，关乎小区居民的人身安全，感谢政府对小区居民生活的关心，也感谢居委会、业委会和物业公司在施工过程中尽职尽责，并对施工队文明施工表示十分满意。至此，屋檐修缮项目完美落幕。

总体而言，紫荆新苑屋檐修缮项目在党建引领下依托"三会"制度有序推进落实，从议题梳理到议题表决，再到项目听证，处处都有居民的参与，不仅为居民理性表达、了解细节提供了平台，而且拓宽了居委会、业委会听取居民意见的渠道，为屋檐修缮项目顺利推进提供了保障。

三、案例小结

为了解决社区治理难题，紫荆居民区党总支充分运用党建引领下的"三会"制度，将协商民主贯穿于小区翻新整治的全过程，有序推进了小区环境美化工作。对于涉及多个利益群体的社区事务，一定要邀请利益相关方进入听证会、协调会和评议会之中，尽量让所有利益相关方知晓事前、事中和事后全过程的事项。虽然过程比较烦琐，但最终小区居民对居民区工作的认可度会显著提高，这对社区工作者今后开展工作更为有利。

案例点评

本案例中的居民呈现出民主意识较高、参与意识较高、公共意识较高的特点，这为"三会"制度的运用铸就了强大的根基。但居民的参与意识高和公共意识高并非自然而然形成，而是在居委会与居民不断地双向互动与合作中生成的。此外，本案例最大的亮点在于将"三会"制度与自治项目相结合，通过议题征询确定自治项目要解决的问题，再以听证会的形式让居民共同商议接下来如何推进项目，最后由居民自己来评议项目成效，进而有效推动了居民自治。（唐有财　华东理工大学社会与公共管理学院教授）

案例三：“三会”制度在桥蒙小区生态环境综合治理中的应用

一、背景介绍

桥蒙小区位于五里桥街道桥二居民区，东起局门路，西接蒙自路，南临五里桥路，北连斜土路。该小区建于20世纪50—80年代，涉及非成套住宅[①]与成套直管公房共12幢，居民1400户，以老年住户和出租户为主。由于历史的局限性，桥蒙小区人均住房面积仅有4平方米，且三四户人家共用一间厨房和卫生间的现象十分普遍。逼仄的住房空间导致桥蒙小区内违章搭建现象十分普遍，一楼部分住户占道、占绿、搭雨棚、建厨房，有的甚至将后门通道划为自己的领地开起了棋牌室，二楼部分住户则破窗搭建“空中楼阁”，可谓“各取所需、各尽其能”。走进小区，放眼望去，可以看到底层满是材质多样、颜色各异的小雨棚，以及蓝色的铁皮、破旧的门窗、白色的防水布、生锈的铁栅栏等。上述种种现象既破坏了小区形象，影响了居民通行，也为小区埋下了安全隐患。

此外，小区存在着因建造时间较久而带来的基础配套设施老化问题，以及严重的盗窃问题。居民聚在一起时，话题也总是绕不开“东家又私搭乱建，西家又被小偷‘光顾’”。生活在这样的小区里，居民的安全感和幸福感无从谈起。何时能有一个安全有序、整洁舒适的居住环境，是大部分居民的共同期盼。

2017年，桥蒙小区申报了“美丽家园”建设项目，这开启了桥蒙小区“生态环境综合治理”的步伐。小区以创建“宜居桥蒙”为目标，探索通过运用“三会”制度将政府依法治理与居民区自治有效结合，以实现社区治理的

① 非成套住宅是供人们生活居住的住宅，一般厨卫不在房屋内，在过道另一侧，通常几户人家共用一个厨房和卫生间。一般老式住宅或公有住房是非成套住宅，现在基本上不再建此类房屋。

新面貌。

二、分析评估

桥蒙小区被列入"美丽家园"建设项目后，桥二居委会与小区业委会、物业公司取得联系，迅速成立了"生态环境综合治理"推进小组，并召开了桥蒙小区生态环境综合治理工作推进会，希望借助此次政策的东风，对小区内的难点问题进行综合治理。推进小组经过协商，将小区的主要难点问题归为以下三类。

第一，违章搭建多，但居民确有自己的苦衷。拆违工作本就是块"硬骨头"，素有"城市建设一号难题"之称，稍有处理不当，就会激发矛盾。对于桥蒙小区而言，拆违工作显得更加困难。因为居住空间局促，所以居民私搭乱建时，为避免矛盾升级，居委会也只能稍作提醒。

第二，有车一族停车难，道路车辆通行难。小区内车辆日渐增多，加上小区内的道路因违章建筑宽度缩减，小区面临着"双难"困境——停车难和道路车辆通行难。此外，机动车的无序停放也使小区路面和绿化带受损严重，给行人及非机动车正常出行带来了很大的不便和隐患。

第三，盗窃案多发，居民为此困扰不已。桥蒙小区内虽只有 12 幢楼房，但小区大门有 8 扇。在这 8 扇大门中，只有 3 扇大门各由 1 位保安人员值守，其余 5 扇大门同时敞开，小商小贩可随意在弄堂里穿行，外人可随时进出，这为小区内盗窃案多发"创造了条件"。居民若遇家中被盗，首先会到居委会"报案"，并埋怨物业公司安保工作不到位。

三、"三会"制度实践

(一) 居委会辅助拆违，有矛盾个别协调

拆除违章建筑是桥蒙小区"生态环境综合治理"的第一步。由街道统一规划布局，街道社区管理办会同拆违办、网格中心、综合执法中队、物业公司等各部门成立了拆违协调小组，对辖区内违章建筑进行统一拆除，并

对外移设施进行复位。居委会在拆违前期主要以辅助者角色配合拆违办做好宣传和数据收集工作，在拆违过程中对出现的矛盾及时介入，做好协调工作。

1. 入户宣传，摸清底数

在拆违工作开始之前，社区工作者进入违章搭建住户家中，挨家挨户做好拆违宣传工作。

> 马上要到我们桥蒙小区来拆违章建筑了，拆违办的工作人员会和你们洽谈。你们有什么要求直接跟他们提，合理的要求他们肯定会考虑。（桥二居委会社区工作者）

社区工作者的预先提醒为违章搭建住户提前打了预防针。趁着入户宣传的好机会，社区工作者对违章建筑进行细致排摸，如户主姓名、是否有人居住、出租与否、共住几人、违章建筑的用途等。这些信息在入户宣传时通过观察和询问一并获取，整理之后再上交拆违办，为拆违办工作人员逐户上门提前打好数据资料基础，从而利于有的放矢地开展洽谈工作。

2. 党建引领，党员带头

桥二居民区党总支配合拆违办开展拆违工作，遵循“先党内后党外”的原则，将拆违宣传工作延伸至党员的各类会议，以寻求社区党员对拆违工作的支持。其中，有 3 户党员家庭也涉及违章搭建，这 3 位党员都表示他们肯定会带好头，配合拆违工作，让小区更加整洁、有序。

对于拆违后政府协助改善居住条件的政策，其中一位党员说道：“我们确实给政府带来了麻烦，我准备自己重新装修房子，就不麻烦政府了。”

另外两位党员也都表态，支持拆违工作。其中一位党员说道：“小区就是要弄得干净整洁一点。我们家亲戚住的小区建设得十分漂亮，住在里面心情都舒畅多了。”另一位党员也紧跟着说道：“小区环境好了，我们自己也住得舒服。”

3. 居委表率，一炮打响

由于客观原因，居委会办公楼的房屋产权证办理一直无果。在拆违工作宣传阶段，部分违章搭建住户产生了较强烈的抵触情绪，进而提出了一个要求：居委会办公楼也是违章建筑，如果真的要拆违，需要先把居委会办公楼拆了。得知违章搭建住户要求拆除居委会办公楼，街道领导来到现场进行勘察，随后表达了坚定的立场："居委会办公楼属于违章建筑，必拆无疑。但拆违需要有序进行，从南往北拆。"

按照这一顺序，居委会办公楼最后拆除，待新办公楼建成后再搬离。违章搭建住户见街道许诺，逐渐明白了拆违是大势所趋，对拆违工作的态度也由不配合向配合转变。至此，桥蒙小区的拆违工作一炮打响。

4. 住户抗拆，个别协调

第一批拆违工作启动后，一位私搭"空中楼阁"的二楼住户在拆违当天坚决抵抗。对此，拆违办与居委会取得联系，由居委会出面协调。居委会在厘清前因后果后，进行了入户协调。原来，拆违办一时大意，未提前与该住户洽谈，导致该住户情绪激动。于是，居民区党总支书记与楼组长一同上门开展协调工作。一场抗拆风波就此解决。

在拆违各责任方和小区业主的积极配合下，拆违工作如火如荼、有条不紊地进行着。为了保证居民正常生活不受影响，施工队还对外移设施进行了复位，做到拆违不拆民心。为了改善居民楼外观，施工队还对外立面也进行了粉刷，整个桥蒙小区开始散发出活力。

（二）绿化改造共商议，缓解停车大难题

拆违工作结束后，违章建筑占道、占绿问题得以解决。部分业主为了满足自身的停车需求，向业委会提出通过缩减绿化以增加停车位的议题。由于缩减绿化属于典型的毁绿行为，该议题缺乏合法性。为了调和停车需求与绿化难减之间的矛盾，居委会与业委会决定对小区内部分绿化带进行改造，在尽可能不减少绿化面积的前提下，重新规划绿化用地，以增加停车位，改善小区通行环境，方便居民停车和出行。

1. 意见征询：业主自发行动，激发居民共鸣

小区绿化带属于公共场所，其建设改造应该征得小区三分之二以上业主的同意方可实施。因此，居委会联合业委会发起了关于桥蒙小区绿化改造的征询工作，在楼组长的协助下挨家挨户发放征询表，征询小区业主的意见。在此之前，小区内部分停车需求迫切的业主自发在小区内寻找可增加绿化的空间，以弥补因建造停车位缩减的绿化面积。为了提高绿化改造议题的支持率，他们在意见征询表发放前期做足了铺垫工作。例如，茶余饭后，桥蒙小区的居民喜欢聚集在一楼聊天，他们借助这个场合表达自己的想法和发现，以引起小区其余居民的共鸣，以便达成内部共识。最终，绿化改造议题以87.22％的同意率通过。

2. 方案听证：绿化组织团提议，将健身点分散布局

在居委会的监督下，物业公司负责设计绿化改造和停车位规划方案。前期，物业公司对原有绿化占地面积、停车位数量进行了精细化统计。之后，居委会牵头成立了由居委会主任担任组长，居民群众代表、居民骨干、物业公司代表等为组员的听证小组，就如何改造绿化以增加停车位进行调查摸底，广泛征求居民意见。

其中，老年绿化组织团的成员们提议将小区内的健身点分散布局，即将健身点划出一半用以增补绿化面积，其余健身器材分散安置。这一提议看似偏离了改造绿化以增加停车位的目标，却得到了大家的一致认可。由于小区健身点的规模较大，经常聚集很多人，这给周边的居民带来了很大困扰，而老年绿化组织团成员们的提议的确能解决健身点扰民问题。

物业公司代表将这一合理建议纳入考量，通过与听证小组其他成员反复协商，制订出了绿化改造方案和停车位规划方案，并获听证会表决通过。随后，方案被张贴在小区显眼处进行公示，接受居民提议。因未收到异议，改造工程得以顺利进行。最终，小区绿化改造工程在大家的努力下按时完工，极大缓解了小区内的停车难题。

（三）小区出入严管理，构建安全、有序的社区

桥蒙小区内盗窃案频发，居民深受其害，并迁怒于物业公司保安人员。但问题的根源在于小区的8扇大门有5扇一直敞开且未设门卫，为外人随时进出提供了便利，也在一定程度上为保安人员消极怠工提供了借口。因此，居委会和物业公司共同提议关闭5扇大门，继续开放有保安人员看管的3扇大门，为保安人员履职尽责营造客观条件，让小区居民生活在安全、有序的环境中。

1. 听证会："三驾马车"定方案，创安工作获共识

关闭小区内5扇大门属于社区公共事务，涉及众多居民的出行问题，需要征得居民群众的广泛同意。居委会、业委会和物业公司共商共议，最终制订出《关于关闭桥蒙小区蒙自路345弄、五里桥路269弄铁门方案》。该方案中说明了关闭小区这5扇大门的好处：(1) 有效加强小区内安全防范和管理；(2) 杜绝乱贴、乱发小广告的行为；(3) 可有效控制小区内的闲散人员；(4) 对进入小区的车辆进行登记式管理，有效控制非本小区车辆进入；(5) 小区绿化景观及环境卫生将得到明显改善，居住环境将更加清洁、和谐、令人舒心。

方案出炉后，居委会副主任主持召开了由居民代表、楼组长出席的"治安管理专题听证会"。会上，居民区党总支书记讲解了小区的相关安全情况，以及关闭小区5扇大门的5点作用。随后，对关闭小区5扇大门的方案进行听证。与会人员充分发表意见，有的担心今后安保费会增加，有的认为今后出行会不便，但大部分与会人员还是将安全问题放在首位，对关闭5扇大门表示赞同。最终，与会人员一致同意关闭小区的5扇大门，方案获表决通过。

听证会结束后，为了扩大有关小区封闭式管理事项的征询范围，业委会还组织开展向全体业主征询对《关于关闭桥蒙小区蒙自路345弄、五里桥路269弄铁门方案》的意见，由各楼组长入户发放方案征询表。经过梳理，该方案得到了绝大部分居民的理解和支持，通过率为87.02%。可见，加强小区治安管理是民心所向。随后，听证内容和征询结果在小区内经历了一轮公示，未收到异议。最终，关闭小区5扇大门的提议得到了小区业

主大会的授权并正式实施。

2. 协调会：居民投诉不断，党员巧借时机化解

方案实施后，仍有个别居民对此表示不解，并多次拨打"12345 政务服务便民热线"进行投诉。居委会十分纳闷，试图多方了解情况并解决该问题。据同一楼组内的党员汪老师透露，一位投诉的住户家中年过八旬的母亲由其兄弟姐妹轮流照顾，近期老人入住她家，而关闭的大门给他们的出入带来了不便。因此，她期冀通过拨打"12345 政务服务便民热线"将紧锁的大门打开。但关闭部分大门是全体居民表决的结果，已得到业主大会的授权，清晰的表决数据便是回应投诉最有力的"武器"。后来，因为该住户的母亲被其他子女接走，她便外出游玩了一周。一周后，她旅途归来，发现家中未遭小偷"光顾"。党员汪老师借机主动与该住户聊起了小区安全问题，让她清晰地意识到了自己能安心在外游玩一周，得益于小区新的出入管理方案。至此，该住户对小区出入管理方案的态度也出现了转变。

这件事情的起因、经过、结果经由楼组长传递至居民区党总支书记耳中，并引发了居民区党总支书记的感慨："居民区工作一定要让居民广泛参与，居民讲一句顶我们居委会讲十句。因为居民都是切身利益的得益者，不存在谁帮谁的嫌疑。"同时，热心党员汪老师作为社区自治的重要力量，也被纳入居民区党总支，为居民区治理奉献力量。

四、协商成效

2017 年年底，桥二居委会组织社区居民代表与此次工程的施工方、街道拆违办、物业公司等各部门代表召开了"生态环境综合整治验收暨评议会"。评议会上，工程方首先介绍了此次环境整治工程的总体完成情况：一是拆违情况，包括拆除五里桥路 269 弄 1—8 号违章搭建 52 处，拆除蒙自路 345 弄 1—10 号违章搭建 21 处；二是拆违工作完成以后，对居民外移的设施进行复位，保证居民正常生活不受影响，还对小区的房屋外立面进行了统一的粉刷；三是对小区内的绿化进行改造。有居民代表对此次工程中复位的煤卫

设施今后的保修问题提出了担忧。工程方承诺一年内提供保修服务，一年以后移交给物业公司管理。工程方介绍结束后，大家又一同到小区内的高地，对改造后的整体情况进行实地勘察。居民们纷纷表示，现在的小区整洁安静、绿意盎然，这在以前是无法想象的。甚至一些前期不愿意配合拆违的居民也承认"生态环境综合治理"工程确实给小区居民的生活环境带来了很大的改善。

2018年年初，桥二居委会成立了居民区无违章建筑创建工作小组，再次召开居民代表评议会，对前期的拆违整治工作满意度进行问卷调查。对于本小区违章建筑拆除后环境面貌是否得到改善，有86%的居民代表认为"明显改善"，有14%的居民代表认为"有一定程度的改善"；对于环境整治工程后，居民防控和治理违法建筑的意识是否增强，有52%的居民代表认为"明显增强"，有46%的居民代表认为"有一定程度的增强"，有4%的居民代表认为"变化不大"；对于本小区的生态环境治理工程的总体评价，有80%的居民代表认为"满意"，有20%的居民代表认为"较满意"。有部分居民在问卷中提出，工程结束后违章搭建会不会再出现。针对这一问题，居委会在街道拆违办的领导下，与物业公司和网格中心配合，建立长效机制，加强拆违控违的后续跟踪管理，在社区居民的监督下朝着无违章建筑的先进居民区的目标不断努力。

五、案例小结

桥蒙小区基层党组织工作得力，"三驾马车"关系和谐，党组织和居民群众的关系良好，这是桥蒙小区生态环境综合治理项目能够顺利推进的组织基础。"三会"制度的灵活使用，则使项目能够更高效、更有序、更有力地推进。要想运用好"三会"制度，首先，在"三会"开展前期，要多调研排摸，在达成基本共识的前提下再召开"三会"，确保会议在可控制的范围内，否则容易适得其反。其次，要多走访社区，认真倾听居民反映的问题，以坦诚的态度与居民沟通交流，真心诚意帮助居民解决问题，在居委会与居民之间搭建起信任的桥梁。只有这样，居民对居委会的认可度才会逐渐提高，才会主动找居委会工作人员沟通，从而让更多议题自下而上产生，进一步调动居民参与自治的活力与热情。

案例点评

发端于五里桥街道的"三会"制度，诠释了"自治有主题、参与有平台、议事有规则、组织有骨干、成效有评估"的居民自治工作体系。本案例生动实践了"有事大家商量着办"的民主理念，依托居民的能力来解决社区问题，发挥了居民的主体作用，调动了居民的自治活力，形成了以居委会为核心、社区居区广泛参与的自主性治理格局。桥二居民区在解决问题的过程中培育了居民的公共精神，实现了从只为个人利益考虑的"为我好"，到可以兼顾邻居利益的"为我们好"，再到最后追求"为大家好"的转变，推动着居民从社区公共事务的旁观者转变为积极的行动者，最终使整个社区真正成为生活的共同体、利益的共同体以及责任的共同体。（李蔚　中共上海市委党校现代社区发展研究中心研究员）

案例四："三会"制度在瑞南新苑业委会与物业矛盾调处以及电梯大修中的应用

一、"三会"制度在瑞南新苑业委会与物业矛盾调处中的应用

（一）背景介绍

瑞南新苑位于黄浦区五里桥街道，始建于1999年，是一个具有10万多平方米、800多户业主的混合型住宅小区，商品房和售后公房并存。小区地理位置优越，绿化茂密，物业管理规范。2000年，瑞南新苑因生活环境和谐、整洁、舒适，被评为第一批"上海市文明小区"。此后的几年里领导来此走访，同行到此观摩，媒体争相报道。但从2008年起，瑞南新苑因为"物业费涨

价"问题一度陷入了混乱和无序之中，引发了严重的负面舆情。

1999年，瑞南新苑建成，业主入住，由上海上实物业管理有限公司（以下简称"上实物业"）提供物业服务，收费标准为1.5元/m^2。作为一个混合型住宅小区，瑞南新苑商品房和售后公房并存，由此衍生出两类物业服务收费方式：商品房物业费由业主全额承担，售后公房物业费由业主支付加政府补贴构成，补贴额度为0.98元/m^2。随着经济社会的发展，物业服务成本不断上涨。2008年，上实物业提出要提高物业服务收费标准。此时，业委会也面临"两届效应"，小区内各类公共设施亟待维修或更换。但瑞南业委会、上实物业和部分业主，在物业管理费、小区改造等涉及资金和业主利益的问题上产生了严重分歧。部分商品房业主将矛头指向售后公房，以售后公房物业费上调有政府补贴，对商品房业主而言十分不公为由，拒绝上调物业服务费，由此产生了严重的分歧和激烈的冲突。部分业主对立情绪严重，甚至有部分业主聚集在广场上拉横幅抗议。他们不仅去市信访办上访，而且打算写信到中央纪委举报贪污受贿，控诉社会不公。

由于未妥善处置"物业费涨价"引发的业委会、物业公司、业主之间的对立情绪，产生了严重的负面舆情。2012年，瑞南新苑被撤销"上海市文明小区"称号。曾经那段美好、辉煌的岁月，成了记忆中的过往，多少为此无私奉献、默默坚守的居民区党员因此扼腕叹息。一直负责瑞南物业管理的上实物业，也因为物业服务费无法上调，在2008年至2014年累计亏损275万元。一成不变的物业费已无法保证小区物业管理的正常运行，小区内的各项工作也因为"物业费涨价"引发的系列矛盾一度陷入瘫痪，两届业委会委员也因此前后集体辞职。

（二）"三会"制度实践

给瑞南新苑社区治理带来转机的是瑞南居民区新一届党总支的选举产生。2014年，瑞南新苑新一届居民区党总支班子开始履职后，以党总支为引领，以"三会"制度为指导，科学研判当时面临的主要问题，充分调动社区内党员和普通居民的力量，使矛盾逐步化解。

1. 入户走访：凝聚业主力量，引导正面发声

由于现有矛盾突出，部分业主对立情绪严重，首要问题是"协调"。但是协调工作不能按部就班地直接开会，否则只会聚集更多人，使矛盾、分歧更加严重。对于争议性较强的矛盾，首要任务是"缓解"，分化"坏事"，将矛盾分解处理，使大矛盾转化成小矛盾，让群体矛盾转化为个体矛盾。因此，居民区党总支与居委会遵循"先党内后党外"的工作路径，开展了对党员及部分业主的走访工作，引导他们多发"正面声音"，让冲突"制造者"失去群众基础。经过 3 个多月的不懈努力，居民区党总支与居委会连续走访了 150 名包含党员在内的业主，逐步提高了居委会工作的支持率和影响力。

> 楼组里的每一位居民要做好自己家里的工作，楼组内的党员要做好一个楼组的工作，社区内的全体党员要引领好全体居民。（瑞南居民区党总支书记吕强）

与此同时，居民区党总支也开始物色新一届业委会主任。时任交通银行总行机关党委书记、工会常务副主席的帅师，是居住在瑞南新苑的一名党员，强烈的社会责任心驱使着他勇担重任，义不容辞地走上了业委会主任的岗位，直面小区的无序与混乱。

> 我们有责任在党总支的领导下，与大家一同建设美好社区。（瑞南居民区业委会主任帅师）

因此，瑞南居民区以业委会主任为代表，同时发动了一批退休党员、在职党员、社区志愿者一起参与新一届业委会工作。他们克服了重重困难，通过厘清账目赢得了业主的信任，使新一届业委会正式成立。

> 传统工作路径以党组织和居委会力量为主，但这远远不够。这一

次，我们动员集结了小区内的广大党员和业主，逐步厘清问题，明确工作路径。（瑞南居民区党总支书记吕强）

2. 听证会：会前巧铺垫，听证效果佳

新一届业委会成立后，委员们立即在广场"设摊"，围绕"物业管理"展开议题征询工作。通过系统梳理，他们发现业主关心的议题相对集中且务实、合理，主要涉及上实物业的去留以及物业费用的上调。在居民区党总支的领导下，居委会在厘清各方关系和矛盾所在后，面临着两难的选择：是上调物业费标准还是更换物业公司？为做好这道选择题，居委会工作人员一边学习物业管理的有关法律法规，一边了解物业行业的相关企业，很快达成了共识：留住上实物业。在此基础上，新一届业委会广泛收集意见，调研周边小区物业费收取标准及上涨幅度，通过对比物价涨幅，核算物业费用的合理标准，并将结果在小区内公示，争取业主的广泛支持。

但公示效果并不理想，反而引发了许多业主的负面猜测。有业主认为，物业费收取标准毫无依据；也有部分业主认为，业委会决定留住上实物业目的不纯，另有所图。旧问题未解决，新问题又出现。瑞南居民区党总支决定将旧问题与新问题一并汇聚至听证会上予以解决。在听证会召开前，居委会在党总支的引领下发动党支部和党员做了大量的铺垫工作。

如果没有组织动员好广大居民，没有扎实的群众基础，在一盘散沙的状态下进入听证会环节，反而会使问题层出不穷，解决问题更无从谈起。在这次听证会召开前，我们先学习了物业管理的有关法律法规，了解了物业行业的相关企业，整理好资料后再入户向居民解释为什么要留住上实物业，制定物业服务收费标准的依据是什么。这些内容在听证会前先向居民传达一遍，便于大家在听证会上更好地理解。此外，我们还邀请了专家来参与听证会，向居民做权威解释。（瑞南居民区党总支书记吕强）

在前期大量准备工作的铺垫下，居委会协助业委会、上实物业召开了瑞南居民区史上规模最大的一场听证会，现场至少有300位居民参与。听证会上，负责小区物业服务的上实物业公示了物业服务的历年亏损账目，将物业服务过程中存在的问题和矛盾告知广大业主；业委会代表就与上实物业续签与否展开了利弊分析，从保证物业公司能够正常运转的角度对上调物业服务收费标准做出解释。随后，由全体业主表决，通过了三项决议，包括续聘上实物业、偿还上实物业管理费欠额275万元、物业管理费由每月1.5元/m^2调整为2.5元/m^2。

随着这三项决议在听证会上顺利通过，业委会紧锣密鼓地展开与上实物业的协商工作。上实物业本着联建共促、互谅互让、风雨同舟的友好关系和对居民区高度负责的社会责任感留了下来，同时减免了业主拖欠的部分物业费用，只收取了200万元。困扰瑞南新苑物业管理的危机，在相互信任与理解中得以化解，这为瑞南新苑的稳定发展奠定了良好的基础。

3. 评议会：物业“月月评”，小区“日日新”

为了及时反馈、有效沟通，进一步提升小区物业管理水平，“幸福瑞南月月评”机制上线，即开展瑞南新苑物业管理监督合议工作。由居委会召集，业委会、居民代表、社区民警等共同组成评议小组，每月定期对物业工作进行评议，就当月物业各类管理情况、服务开展情况进行通报，特别是对于居民关心的物业管理内容，在会议上进行标准化、指标化的评议。针对物业管理处各部门，评议小组分别设立了相对应的评分标准，从仪容仪表、精神状态到工作态度、专业技术等方面，由业委会把关，使物业管理有的放矢，真正服务到广大居民。会后，评议小组将评议报告、各部门评分情况、居民意见书面汇总交给上实物业。上实物业对存在的问题进行整改，评议小组则对整改情况进行监督，并在下次评议会上予以通报。每次会议后，评议小组会将会议纪要张贴在每幢楼的固定位置，接受业主监督。此外，评议小组还充分运用社区信息化平台，将每月评议会的会议纪要做成公众号推文推送至“幸福瑞南”微信公众号，对每位物业员工进行网络评议。

"幸福瑞南月月评"已成为瑞南新苑业主、业委会、物业之间良好的沟通桥梁，大家有问题及时协商，小区物业管理也走上了正轨。有小区居民高兴地说："这下好了，再也不用争来争去、吵来吵去了。小区一天比一天更美好了。"

在瑞南居民区党总支的引领下，业委会、上实物业、居委会党建共建，用心、用情、用力，巧用"三会"制度，维持了瑞南新苑小区良好的生活环境。2015 年，瑞南新苑重新获得了"上海市文明小区"荣誉称号。这一份沉甸甸的荣誉，不仅是对新一届居委会班子的肯定，而且是一种安慰和激励。2017 年，瑞南居民区党总支也喜获上海市百家"党支部建设示范点"荣誉称号。

（三）案例小结

在应对这场社区管理危机中，瑞南居民区党总支迎难而上，不回避、不退缩，始终秉承以区域化党建为依托，以发挥社区党员积极性为抓手，将听证会、协调会和评议会三者融合运用，不仅"会"上下功夫，而且"功夫在诗外"。其一，准确把握社区重点人群。团结正能量的居民（如党员骨干），让负能量的居民或纯粹为了反对而反对的居民失去群众基础。其二，研判主要问题，找到问题的症结所在，准确判辨反对的声音集中于何处，反对的对象是什么，既要防止过冷，又要防止过热，既要防止没有参与热情，又要防止过于激进。只有做好这些"诗外功夫"，才能使"三会"制度真正成为居民和物业之间的"连心桥"，促进社区的和谐发展。

二、"三会"制度在瑞南新苑电梯大修过程中的应用

（一）背景介绍

瑞南新苑建成已有 20 多年，其电梯使用年限过长，其中 3 号楼的 3 台电梯一直没有大修改造过，故障多发。特别是在 2016 年至 2017 年年初，这 3 台电梯先后发生多起"关人"事件，给居民生活带来了极大不便，居民意见很大，向"12345 政务服务便民热线"投诉举报达 10 余人次。但由于前一届

业委会成员在职期间，电梯维修时更换了非原装配件，且未向居民做好解释工作，少数居民对业委会产生了极大的不满，对业委会协调电梯大修表示强烈抵制，甚至出现了极个别情绪激烈的居民扬言“如果电梯大修，就跳楼自杀”的情况。

（二）“三会”制度实践

1. 谋定战略：统一思想在先，投票表决延后

为推进3号楼电梯大修工程，业委会共组织了两次投票（每年一次）。第一次投票通过率只有37%，第二次投票通过率只有42%，均未能获得多数业主的支持。一方面，电梯安全问题十分严峻，急需大修。另一方面，居民思想不统一，反对声浪高涨。鉴于此，居委会拟采用“缓兵之计”，延期举行第三次投票。在第三次投票未开始之前，首要任务是寻找法律法规支撑，切实摸清底数，在此基础上多开听证会、协调会，统一居民的思想。

为此，居委会工作人员学习了《中华人民共和国特种设备安全法》《上海市电梯安全管理办法》等法律法规，进一步认清了居委会在电梯安全管理工作中的重要职责，同时也找到了居委会组织电梯大修工程的法律依据。此外，党总支在组织3号楼居民召开协调会前，召开了第一次恳谈会。此次恳谈会的对象为3号楼内所设第二党支部的党员与部分在职党员。会议上，党员同志畅所欲言，在组织性与纪律性的规范下，他们提出的想法较为客观，最终达成共识。会后，党总支鼓励和号召党员挨家挨户地走访3号楼居民，把全部问题收集上来，以便摸清底数、掌握民意、做好群众的思想工作。

2. 组织协调：联合多方力量，架起理解之桥

通过广泛、深入的思想工作，居委会比较准确、详细地掌握了居民的意见和疑虑。大部分居民承认电梯大修符合全体居民安全需要和根本利益，势在必行。阻挠电梯大修的因素错综复杂，不单纯是电梯安全问题，更掺杂着邻里矛盾、对物业服务不满意等其他因素。在掌握民意的基础上，党总支书记指出，必须把电梯大修工程与业主其他意见和诉求剥离开来，以化解矛

盾为切入点，最大限度地争取居民的理解和支持。对于居民们反映的意见和诉求，能够答复的第一时间答复，能够处理的第一时间处理。对于对物业管理有意见的居民，要求物业公司经理上门慰问、道歉。对于有关电梯方面的专业问题，因为党总支、居委会、物业公司、业委会都没有这方面的专家，所以党总支通过党建共建，与黄浦区市场监管局市场监管二所党支部协作，邀请他们共同召开协调会，就电梯的原装进口问题、设备更新问题做出专业的解释，并以国家检测方的检测报告为证，说明电梯大修的紧迫性。同时，黄浦区市场监督管理局工作人员详细解读了施工方案和工程定价，并承诺引入第三方专业机构监督，接受政府监管，解除了居民对于经费使用与产品质量的顾虑。

通过联合多方力量，开展具有针对性的协调工作，居民的思想得到了统一，被延期的第三次投票终于落地。最终，瑞南新苑 3 号楼电梯大修工程以高达 99%的赞成票顺利通过，楼电梯大修工程得以顺利开展。随后，居委会成立了由楼组长、党员骨干组成的居民自治监督小组，每天轮流现场值班，监督施工。同时，物业专门制作公开栏，做到四个公开：资金预算公开、工程方案公开、施工进度公开、新件旧件公开。在工程结束后的居民评议会上，电梯大修工程得到了 3 号楼居民的一致认可。

（三）案例小结

在社区中，党总支是引领，居民是基础，党员是骨干，居委会工作人员是实践者，而"三会"是方法。"三会"的召开应以问题为导向，以解决问题为根本目的，以居民区和谐发展为根本宗旨，注重有效性与针对性。只有广泛联系群众、准确认清问题、有效制定对策、积极动员骨干，才能真正地用好"三会"，使"三会"更有说服力、影响力和生命力，更能有效地解决社区中存在的问题。此外，在工作开展中，瑞南居民区党总支时刻遵循"先党内后党外"的原则，先统一居民区党员的思想，借助党员的力量掌握民意、凝聚民心，再通过一个党员引领一个家庭、一群党员引领一个社区，最终使居民区民主化得以推进。

案例点评 1

本案例用实践谱写了“功夫在诗外”的真意。在召开“三会”前，以党总支为引领的居委会班子做了大量的会前准备工作，最终才取得了如此好的成效。本案例从物业公司、业委会的两大痛点切入，介绍了如何运用“三会”制度解决物业公司、业委会的难题。尤其是在电梯大修案例中，前两次投票都未通过，居委会将目光转向“破坏者”，通过大量细致的居民工作，让这些“破坏者”失去群众基础，稳步推进电梯大修工程。（何海兵　中共上海市委党校现代社区发展研究中心主任、教授）

案例点评 2

社区是由不同社会群体组成的生活共同体。因此，社区问题层出不穷，且会不断延伸，是一个永无止境的课题。要想破题，思考力是至关重要的“武器”。本案例作为一个探究型案例，体现了很强的思考力。基层社区治理这一概念进入社区以后，居委会干部首先要把它弄透，然后再根据社区的实际情况形成一套机制和方法，从而提高居民的参与度，以合力共筑和谐社区。案例中的每个工作者，都是这一过程的推动者，不断地推动由存在分歧走向达成共识。在推进的过程中，每个时间段的“火候”都掌握得十分到位，在“火候”未到前先做足铺垫工作，在“火候”到了后又富有时效性地解决了问题。（刘方　上海市黄浦区地区办主任）

案例五：“三会”制度在桑城居民区商铺自管会中的应用

一、背景介绍

桑城居民区内有一条长约 500 米的五里桥路，俗称“背街小巷”。在小巷东侧，人才公寓建设稳步推进；在小巷西侧，局门路 405 弄居民楼巍然挺立。居民楼一楼是商铺用房，大多用于餐饮、制造加工和地产行业。此前，由于疏于管理，许多沿街商铺经常占道经营，破墙开店现象也屡禁不止，对来往居民的通行、楼上居民的正常生活均造成了不同程度的影响，居民因此怨声载道。特别是在2017年，人才公寓建设项目启动施工，其车库出口向五里桥路敞开，小巷的人流量和车流量随之增加，在这种情况下，商铺占道经营、破墙开店的行为更加影响行人和车辆的通行，存在严重的安全隐患，而且造成周边居民生活上的更多不便。

为了破解占道经营和破墙开店的难题，居民区多次向城管部门反映，城管部门之后动用了行政执法力量开展运动式治理，而商户们也开始和行政执法人员打起了长期的"游击战"，常常出现"上午城管整治，下午照样占道"的情况，占道经营和破墙开店的难题无法从根本上得以解决。

二、"三会"制度实践

（一）入户调研：走访沿街商铺，弄清商户态度

为了科学研判商户对"占道经营和破墙开店"的看法以及整改的意愿，桑城居民区党总支组织居委会社区工作者深入五里桥路，挨家挨户开展实地走访，发放调查问卷。本次调研共发放23份问卷，回收率为100%，均为有效问卷。数据统计结果显示，对于占道经营、破墙开店现象，持同意态度的商户占比为30%，持反对意见的商户占比为25%，对此表示无所谓的商户占45%。对于是否愿意进行自我整改，有50%的商户表示愿意，有20%的商户坚决反对，有30%的商户持观望态度。以上两组数据表明，抵触整改的商户占比较少，部分商户态度还不明确。如何将态度不明确的商户转化为支持派，在协商的过程中减少不愿整改商户的抵触情绪，最终凝聚商户人心，顺利推进商铺整治，是后续工作的重点。

（二）民主恳谈：寻找关键人物，厘清矛盾焦点

民主协商最终的落脚点是"人"，要找哪些"人"来开展协商工作呢？这是桑城居民区党总支面临的难题。在形势复杂和任务繁重之时，要抓住"牛鼻子"，优先捕捉和解决主要矛盾，找到打开工作局面的突破口。对于商铺

整治工作而言，赞成方和反对方都是商铺整治工作中的关键人物。鉴于此，居民区党总支从商户中选取了部分比较配合与比较抵触的商户分别展开了民主恳谈工作，了解他们各自的想法和诉求。赞成方认为，整治工作对他们的业务影响不大，因此同意整治；反对方之所以对整治工作有抵触情绪，是因为他们所从事的业务确有占道堆物的必要，如塑钢门窗店、快递公司、仓库铺位，他们担心商铺业务会因整治受到不利影响。

（三）试点先行：组织代表协调，达成试点共识

整改工作虽涉及商户切身利益，但不能因部分商户的抵触情绪而止步不前。于是，桑城居民区党总支牵头，组织支持方和反对方分别选出一位议事代表，之后召开由居委会、街道城管科和工商管理部门共同参与的协商会，分别与两位代表就“商铺整治”一事开展专题协商，并就后续工作安排进行讨论。协商会上，街道城管科结合“五违四必”工作表达了对商铺治理的看法；反对方代表理性表达诉求，再次提出了整治工作可能会影响业务的担忧。此时，居委会代表提议，对于确有占道之需的商铺，可分时分段堆放，并建议上午 6 点至 9 点、下午 4 点至 5 点为临时堆放时间段。提议一出，商铺整治的反对方态度有所缓和，并同意这一提议。对于破墙开店的商户，居委会代表提出了试点先行的工作路径。协商会后，议事代表对会议精神进行了传达，占道经营的商户开始转变态度，破墙开店的商户则就试点工作达成了一致意见。

（四）试点推进：及时调整方案，强化示范效应

如果试点改造的效果良好，破墙开店商户的抵触情绪就有可能逐步消除，持观望态度的商户也会在获得良好的直观感受后效仿行事。如果试点改造效果不佳，破墙开店的商户就会更加坚定自己的反对立场，持观望态度的商户就会加入反对方的队伍。由此可见，试点工作是顺利推进商铺整治工作的关键一环。因此，居民区党总支缜密安排，与城管部门分工合作，共同推进试点工作。为保证试点工作顺利推进，居民区党总支选择了一家对整治工作最支持的商铺。街道城管部门则负责制订试点改造方案。

随着试点工作的展开，阻力逐渐显现。在工程实施的过程中，商户向桑城居民区党总支反映，最初的方案将玻璃门更换成防盗门，这样室内在关门的状态下就会变成暗室，希望能再开一扇常规的玻璃窗。桑城居民区党总支再次组织城管部门和施工单位与商铺代表进行协商，最终在允许的范围内增加了一扇窗并安装防盗栏，以保持房间敞亮，不影响正常生活。试点工作在历经两次改造后顺利竣工，为后续工作的开展树立了典范，强化了示范效应。其余破墙开店的商户纷纷效仿，以此为标准进行了统一改造，再未发生任何矛盾。

（五）平台搭建：摒弃运动式治理思维，构筑长效治理机制

经过一番整治，五里桥路沿街商铺占道经营和破墙开店的问题得到很大程度的缓解。为了强化商户的自律意识，桑城居民区党总支创新工作方式，彻底摒弃了以往的运动式治理思维，成立商铺自治管理小组以构筑长效的治理机制，保证治理效果的持续性和有效性。

为了得到商户的积极响应，桑城居民区党总支牵头，召集了部分热心社区工作的商户召开了听证会。会上，成立商铺自治管理小组的提议得到了参会商户的认可，在场7名成员加入小组，并草拟了商铺公约，主动承担起监管的责任，这个小组也是此后的商铺自管会的雏形。在商铺自治管理小组的带领和发动下，周边商户也纷纷加入。对此，桑城居民区党总支书记感慨道：“商户自己做自己的工作，远比居委会和政府出面效果好。”

2016年5月，在街道自治办、工商管理部门、社区民警、城管部门、市容卫生部门工作人员以及桑城居民区商铺代表的共同见证下，由32家商铺组成的桑城居民区商铺自管会正式成立。在商铺自管会成立大会上，商铺自治管理公约被清晰地罗列在公约板上，主要包括不跨门营业、遵守门前责任制、消除安全隐患等条款。参会的32家商户均在公约板上签上了自己的名字，表明自愿加入商铺自管会，且乐意接受商铺自管会公约。随着商铺自管会各项工作的有序推进，在此后的一年内，沿街48家商铺全部加入了商铺自管会。

（六）平台建设：凝聚多元力量，实现功能叠加

桑城商铺自管会自成立以来，一直以商铺需求为导向，通过整合辖区内的资源和服务，凝聚多元力量，帮助商铺解决生存和发展问题，提升了商户的获得感以及对社区的认同感，进而也实现了商铺自管会自身的功能叠加。

第一，成立联合工会。桑城居民区内小商铺居多，上海人俗称“夫妻老婆店”[①]。这些小商铺均未被纳入工会，无法享受工会福利。在街道总工会的协助下，这些小商铺被有机联合起来，成立了商铺联合工会。商铺联合工会成立至今，共申领了300余张工会卡，所有商铺会员直接受益。例如，商铺会员可享受年假期间出游往返车票的报销福利，可获得冬季防寒保暖和夏季防暑降温慰问品。这些让商户切实感受到来自社区的关怀。

第二，成立法律工作室。有人的地方就会有矛盾，有利益的地方就会有冲突。商户在经营过程中难免会碰到各种矛盾和冲突，常见的问题有“租赁纠纷”“物业管理纠纷”“买卖纠纷”，这就需要专业人士提供专业咨询服务。此外，商铺经营者以外地来沪人员居多，他们往往也有政策咨询的需求。于是，桑城居民区党总支与街道司法所党建共建，寻求街道公益律师、社区民警的协助，帮助商铺自管会成立了法律工作室，满足商户在工作和生活中的实际需求。

第三，建立“门前三包”责任制，设立评比激励机制。商铺自管会建立了“门前三包”责任制，并设计了每月互查评分表，评分维度随工作重点的调整而灵活变动。以2019年为例，最初的评分表中“商铺招牌完好、整洁”一项被替换为“垃圾分类”。这是因为当年垃圾分类工作在上海全面铺开，成为全市的重点工作。评分主体也从商户逐步发展为居民、城管部门、市容卫生部门等多元主体，从多元视角发现有待改进的环节，促进良性发展。针对评比结果，商铺自管会又推出了“星级”体系，根据三个等级的评价标准，分别给

① “夫妻老婆店”大都是一些小店铺，如烟纸店、裁缝铺、理发店、袜子店、小饭店，大多由一对夫妻共同经营。

予一星、二星、三星评价，并将评分结果以小红星的方式悬挂在每家商铺门口。

为了达到以评促建的目标，商铺自管会联合五里桥街道网格中心东区工作站以及桑城居委会制定了奖惩制度，每月的“星级”考评结果作为奖惩的依据，均做记录并备案。

（七）商居互融，共筑温暖社区

商铺从业人员以外地来沪人员居多，如何让他们融入社区，感受上海的城市温度？商铺自管会秉持优势视角，将商户所长与社区所需无缝对接，动员商户开展志愿服务，以此走进社区、服务社区，拉近来沪商户与本地居民之间的距离。

桑城居民区老龄化程度较高，60 岁及以上老人约有 800 位，其中 71～79 岁老人约有 80 位，80 岁及以上高龄老人有 300 余位，这些老人是社区服务的重点人群。商铺自管会将商户优势与老人需求有效匹配，开展了一系列志愿服务。例如，辖区内有两家理发店每周各为 5 位 70 岁以上的老年居民免费理发，一直延续至今；一家规模较小的洗衣店为社区孤寡老人发放了免费的爱心洗衣卡，每年凭此卡可享受免费洗衣服务；商铺志愿者还曾代替老年居民志愿者参与“守家护院”执勤活动（零燃放值守工作）。

2020 年春节期间，新型冠状病毒肺炎疫情（以下简称“新冠疫情”）席卷全国。由于疫情形势严峻，桑城居民区周边的理发店均关门歇业，不少医护人员理发成难题。两家自管会成员单位的理发师主动为黄浦区疾病预防控制中心和社区卫生服务中心的所有医务工作人员免费理发，积极回馈社区。

一个个温情故事在社区中悄然发生，商铺志愿者的竭诚服务最终也赢得了居民的广泛认可。良性的互动是双向给予的过程，商铺志愿者的暖心之举温暖了整个社区，社区也尽己所能为商户提供了丰富多彩的服务，并受到了商户的热烈欢迎。例如，举办“欢迎回家·元宵做灯笼”传统活动；开展“最美商铺照片评比”大赛，评选出商铺参与社区服务时的最美照片，并制作成日历悬挂在每家商铺中，提升了商户服务社区的显示度和感知度。2020 年，桑城居民区党总支还组织所有商户前往辖区内的消防中队学习，开展消防安全演练，了解安全防火知识。

总之，无论是商户志愿者为社区提供服务，还是社区为商户组织活动，对于商户个体而言，都增强了其社区主体意识，如那位为社区孤老发放爱心洗衣卡的洗衣店经营者所说：“我原来在其他区开店，完全没有感受到我跟社区有什么关系。但是我在这里，真真切切地感受到我就是社区的一员，我跟其他居民没什么区别。”对于商户群体而言，他们从独木走向森林，在桑城这块土地上蔓延生长。

三、案例小结

桑城居民区对商铺的态度从传统的“管”转变为如今的“治”，让商户在协商中发声，在尊重商户意见的前提下进行治理，提升了商户对居民区工作的配合度；同时，通过搭建商铺自管会，形成长效的管理机制，让商户有参与、有收获、有感受，让他们感受到社区并没有把他们遗忘，也让他们感受到自己也是社区的一分子，继而紧跟着党组织的步伐，坚定地往社区走，为社区服务。

案例点评 1

“三会”制度作为基层协商民主的典范，一般常用于居民区内部。桑城居民区将“三会”制度向居民区外部延伸，运用于辖区商铺，使商铺从无机体变成有机体。本案例主要有以下 4 个亮点。

第一，前期分析诊断到位。本案例使用了问卷调查法了解商户对整改的态度，通过数据分析，将商户划分为支持、中立和反对三类。其中，持支持和反对意见的商户都是关键人物。这就需要在工作中凝聚支持者、带动中立者，否则中立者就会靠向反对者，成为工作推进的阻力。

第二，以点带面推进。在介入前期，商户存在支持、中立和反对三种态度，广泛推进难出效果。此时工作应该以点带面，为广泛推进做好准备。本案例通过试点先行的流程设计，发挥了示范带动作用，为推进商铺整治工作提供了有力保障。

第三，充分尊重商户意见，做打动人心的工作。本案例摒弃了传统的管理思维，注重让商户发声，充分尊重商户意见。这不仅体现了精细化工作的特点，而且使工作深入人心。这种工作方式有助于提升商户对居民区工作的感知度，让居民区工作的推进更为顺畅。

第四，注重长效机制的建构。因为运动式整治依托行政机制运作来解决社会问题，并未利用社会机制，所以无法形成一套长效机制。在本案例中，居民区工作构建了约束机制、激励机制和惩罚机制，回答了"为什么我要参与""于我而言有何好处"等问题，有助于规范商户的行为。此外，党建引领机制也非常重要。本案例中"门前三包"责任制的评比主体多元化，商铺自管会的支持主体多元化，都体现了党建引领下的共建力量对于实现社区联动的重要价值。（唐有财　华东理工大学社会与公共管理学院教授）

案例点评 2

本案例中的商铺依托所在居民区开展经营活动，所以有必要将商户纳入居民区的治理主体范畴。桑城居民区通过构筑商铺自管会平台，实现了商户与居民之间的良性互动，推动了两者之间的双向回馈，在一定程度上促进了商户的良性发展，增进了商户对社区的情感，产生"自己就是社区的一分子"的主体意识。在此过程中，基层协商民主发挥了很大作用。基层协商民主的关键是人，通过民主协商，商户与商户之间、商户与居民之间、商户与社区之间有了凝聚力和向心力。只有这样，他们才会在居民区党总支的引领下，自愿成立商铺自管会，进行自我管理，积极为社区做贡献，与居民联动，共同治理社区。（夏凌霞　上海市黄浦区地区办原副主任）

案例六：巧用“三会”制度解决加装电梯问题

一、背景介绍

随着现代经济和城市生活的发展，电梯已成为人们生活中不可或缺的交通运输工具之一。然而，很多老式多层住宅[①]未配备电梯，居住其中的居民无法享受电梯的便利。尤其是那些行走不便的居民和老年人，他们常常望楼兴叹，从出家门的那一刻起就开始担忧回家的路了，所以对加装电梯满怀期待。

上海市作为中国最早迈入人口老龄化且老龄化程度较高的城市，约有60%的老年人居住在没有电梯的老公房内[②]，老公房加装电梯已成为上海市一项极为迫切的民生需求。2011年，为了适应社会经济发展和人口老龄化需求，进一步改善市民居住条件，老旧小区增设电梯被列入上海市委市政府的民生实事工程。上海市政府出台了《本市既有多层住宅增设电梯的指导意见》，之后又陆续出台了一系列相关政策，着力推进老旧小区加装电梯这项民生工程。根据上海市住房和城乡建设管理委员会、上海市房屋管理局等10部门联合印发的《关于进一步做好本市既有多层住宅加装电梯工作的若干意见》，加装电梯工程作为一项惠民利民的民生工程，应坚持“业主自愿、政府扶持，社区协商、兼顾各方，依法合规、保障安全”的原则。同时，该意见还确立了以业委会为加装电梯执行主体、居委会推动业主协商、政府部门分级负责的推进机制。由此可见，加装电梯工程在实施主体、资金来源和操作流程等方面与传统的民生工程不尽相同，它遵循自下而上的运作逻辑，以业主为实施主体，坚持业主自筹资金为主、政府补助为辅，因此需要创新工作模式予以回应。

五里桥街道桥一居民区由7个小区组成，共有住户2 302户。其中，有

① 《民用建筑设计通则》(GB 50352—2005)将住宅建筑依层数划分为四类：1—3层为低层住宅，4—6层为多层住宅，7—9层为中高层住宅，10层以上为高层住宅。

② 杨艳：《破解老公房加装电梯瓶颈》，载《上海房地》2012年第10期。

5个多层老式住宅小区，共有65栋楼，业主1 700户。经过电梯公司初步排摸，在这65栋楼里，具备加装电梯条件的共有52栋，另外13栋因场地限制暂不具备加装电梯的条件。2018年，伴随着恭房小区2台电梯拔地而起，桥一居民区居民对加装电梯这一项民生工程的呼声达到了顶峰。

"书记，阿拉(我们)好装电梯伐(么)?"

"书记，侬(你)去帮阿拉(我们)申请呀，阿拉都想装的。"(桥一居民区居民)

诸如此类的呼声时常萦绕在居民区党总支书记的耳边。但桥一居委会在加装电梯方面的经验几乎为零，问号却有一箩筐：在以业主为实施主体的前提下，如何找准居委会的角色与功能定位？居民的矛盾点聚焦在何处？矛盾是否会随着项目的推进发生新的变化？项目核心团队该如何打造？后期维护工作由谁来主持？带着这些问题，桥一居委会巧妙运用"三会"制度，在思考和探索中砥砺前行，逐渐摸索出了一条以党建为引领，民主协商、居民自治、党员带头、社区协调的电梯加装模式。

二、"三会"制度实践

(一) 党建引领，为加装电梯全力"护航"

既有多层住宅加装电梯是在老房子上增加新功能，审批的复杂程度远高于新建房屋，且加装电梯审批属于技术审批，普通民众对专业技术比较陌生，常常导致沟通效率低，加装电梯进度缓慢。怡绿小区作为桥一居民区第一个"吃螃蟹"的小区，从意见征询、方案确定、计划立项、矛盾协调，再到规划审批、施工许可、竣工验收，整整花了2年时间，过程十分艰辛。

为了帮助居民了解政策、专业化助推加装电梯的进度，桥一居民区党总支积极引导，第一时间引入五里桥街道成立的社会组织——上海黄浦区斌菱电梯加装事务所，为居民提供政策宣传、手续办理、加装电梯设计、项目实施“一条龙服务”，专业化助推加装电梯的进度。在斌菱电梯加装事务所的专业助推下，鼎达公寓的2台电梯从零起步到竣工投入使用，仅花了9个月的时间，刷新五里桥街道加装电梯的最快速度纪录。鼎达公寓业委会和全体业主也被街道授予“神速加梯后援团”的荣誉称号。

（二）民主协商，依托“三会”搭建“连心桥”

加装电梯虽然是一个楼栋的事情，但是方案设计是否会影响小区的停车位？施工期是否会出现扰民现象？回答好这些涉及全体业主的利益的问题，并不能仅局限于一个楼栋。因此，从加装电梯项目启动之日起，桥一居民区党总支和居委会就以召集人身份将小区物业、电梯公司、社区律师有机整合起来，组织他们参与意向征询、矛盾调处和方案设定的各个环节，为各方各司其职、各显神通搭建平台，确保加装电梯工程“连轴转”。

1. 听证会：业委会组织召集，明确楼栋业主加装电梯的意向

在小区内有一部分业主提出加装电梯意向的背景下，业委会就需要召开“加装电梯听证会”，这是因为加装电梯是关乎整个楼栋所有业主切身利益的大事。“加装电梯听证会”由加装电梯工程的执行主体——业委会组织召集，并分两步实施。

第一步，在街道房办和居民区党总支的指导下，业委会组织召开书面业主大会，面向小区内全体业主发放意见征询表，围绕“是否同意加装电梯”这一议题展开书面听证，以了解小区全体业主加装电梯的意向。在此过程中，居民区党总支和居委会扮演服务提供者的角色，为业委会依法依规召开书面业主大会提供服务保障。

第二步，书面听证会结束后，在得到全小区三分之二以上业主同意的基础上，由业委会组织召开“加装电梯听证会”，召集拟加装电梯楼栋的全体业主参与听证。听证会以“一梯一会”的形式展开，围绕“是否同意加装电梯”进行讨论并表决，明确拟加装电梯楼栋业主的意向。在这一环节，居民区党总支和居委会主要扮演意向澄清者的角色，引导各个楼栋的业主理性表达意见诉求，进一步了解业主的意见与想法。

2. 协调会：居委会搭建平台，分类协调矛盾

经过前期两个环节的听证，矛盾点陆续出现。从某种意义上而言，在听证会阶段有不同的声音是好事，有利于"积怨"早日化解，避免在加装电梯的过程中集中爆发。面对听证会环节出现的矛盾，居委会和业委会以开放、包容的态度，将工作重点聚焦于搭建协商平台，以民主协商和居民自治的方式化解矛盾和分歧，促成相关利益方沟通协商。具体而言，桥一居民区在推进加装电梯工程方面主要面临以下三类矛盾。

矛盾一：不同楼层住户间意见不统一。

部分住在一楼或二楼的业主认为，加装电梯对自身有百害而无一利，自身用不到电梯不说，还会影响室内通风和采光，权益会受到一定损害。住在三楼和四楼的业主也有他们的担忧，认为加装电梯后"金三银四"的说法将不复存在，房子有贬值的可能。而对于高层住户特别是一些腿脚不便的老年住户而言，他们对加装电梯有着迫切的需求。

针对利害关系人类型各异的诉求和意见，在居民区党总支的引领下，由业委会作为召集人邀请反对加装电梯的业主召开协调会(在有需要的情况下居民区党总支也参与其中)，本着"民主协商、居民自治"的理念，通过上门沟通协调或座谈的方式展开，试图将意见不同的业主拧成"一股绳"。

在这一环节，居民区党总支和居委会主要任务在于搭建沟通平台，做双方共识达成的催化剂。其主要做到了以下三点：首先，保持平等姿态，即平等、友善地对待每一位居民，不强势要求双方统一立场。其次，善用邻里真情，即积极引导老邻居打好"感情牌"，并寻找适当时机协助双方寻找平衡点。最后，巧用民间智慧。居民的智慧是无穷的，有些简单、实用的方法，社区工作者想不到，居民反而能想到。例如，桥一居民区有一位住户担忧加装电梯后房子贬值，业委会成员直接邀请房产中介现身说法，就相邻小区加装电梯后二楼房产增值情况予以说明，当即奏效。当然，并非每一个持反对意见的业主都会转变自己的立场。此时，业委会和居委会需要秉持"邻里和睦"的原则，不让加装电梯导致邻里反目，对于存在暂时不可调和矛盾的业

主，应耐心等待时机再继续推进。

矛盾二：因专业问题而质疑甚至反对加装电梯。

这类矛盾会以不同的形式出现在从意见征询到验收竣工的过程中。例如，在加装电梯意向征询阶段，一楼、二楼业主反对的焦点普遍集中于自己不使用电梯反而要面对光线遮挡、通风受限、噪声扰民等问题。部分居住在高层的居民则认为，多层住宅在建造时地基不深，加上上海属于冲积平原，地质较为松软，且地下情况较为复杂，加装电梯过程中可能会对房屋造成结构性影响，致使房屋建筑开裂等。即使意向征询阶段取得了全票通过的好结果，业主依然可能在电梯的品牌选择方面出现分歧。针对这些问题，桥一居民区党总支和居委会坚持把专业的事交给专业的人做，根据每个楼栋的特殊矛盾点，引入专业资源，邀请专业人士，如加装电梯方案设计师、房屋管理部门工作人员、社区律师、社区专业类居民等，一同参与协调会。

第一，选择电梯品牌时产生分歧。桥一居民区内有一栋住户在选择电梯品牌时产生了较大的分歧：部分住户希望选择质量有保障的老品牌，即使报价高出 15 万也无妨；另一部分住户倾向于选择报价更低且承诺免费维保 15 年的品牌。住户的分歧直接导致加装电梯进程受阻，他们希望居委会协助做选择。

居委会未私自给出答案，而是秉持“居民自决”的原则，通过搭建平台，有针对性地引入专业资源为住户提供充足的信息，在住户掌握信息的基础上再让他们自主抉择。居委会主要邀请了桥一居民区内两个小区的物业公司（令住户产生分歧的两个电梯品牌在这两个小区内已投入使用）、两家电梯公司。两个物业公司向楼栋业主介绍了两个电梯品牌在施工建设中的情况。两家电梯公司主要向楼栋业主介绍了各自的品牌优劣势。此外，居委会还搜集了一些主流媒体对这两家电梯公司的报道，并一一呈现在该楼栋业主面前。经过一轮民主协商后，住户不再纠结，在融洽的气氛中顺利敲定了电梯品牌。

第二，担忧采光受限而拒绝加装电梯。桥一居民区内有一位居住在四楼的业主，已年过六旬。在传统的认知中，居住在四楼的老年人应该倾向于加装电梯，但这位业主反对加装电梯的决心不仅十分坚定，而且不愿意透露反对的原因。后来，他无意间跟块长说的一句话让原因逐渐明朗，他说："装好电梯后，我就看不到居委会了。"

原来，他家对着居委会的朝北阳台是全屋采光最佳的区域。但是，根据最初的电梯加装方案，3 米长的电梯连廊紧挨阳台，影响采光在所难免，这成了他心中的一个疙瘩。为解开这个疙瘩，加装电梯方案设计师多次上门实地勘察，调整方案，确定了最终方案：在保证安全的基础上，电梯连廊的侧面采用全玻璃设计，最大限度保证将对朝北住户的采光影响降到最低。此外，同一楼栋的居民自发在他家的东边窗户外安装了晾衣架，为其提供更多晾晒之地。最终，这一番操作，既解开了这位业主的心结，也顺利完成了加装电梯工作。

矛盾三：部分低楼层居民要求经济补偿。

部分低楼层业主认为加装电梯侵害了自身的合法权益，提出经济补偿要求。在化解此类矛盾的过程中，居委会主要扮演维护业主权益者的角色，识别索偿要求的合理性，对于合理的要求搭建平台予以支持，对于无理的要求则直接拒绝。对于合理索偿，居民区党总支和居委会搭建平台，秉持"协商民主、你情我愿"的原则，邀请有该诉求的低楼层业主、相关业主代表、业委会召开协调会，引导当事人理性表达诉求，明确补偿金额及出资方式。最终，居委会严格按照操作流程行事，出具调解协议书，要求相关方签字确认，让工作留下痕迹，以防相关方日后反悔、拒不履行。

以桥一居民区某楼栋低楼层住户为例，其在加装电梯意见征询和表决公示环节均未提出任何异议，但在启动施工后却"制造"了一系列信访事件，并提出了三点诉求：第一，给予经济补偿；第二，要破墙开店；第三，恢复十年前被拆的违章建筑。面对以上诉求，居民区党总支意见明确，立场坚定：合理的经济补偿，居委会将搭建平台，邀请楼栋全体业主进行协商；至于破墙开店、违法搭建，则直接予以拒绝。

3. 听证会：三方共同召集，商定加装电梯方案

在各类矛盾化解、加装电梯阻力消解、楼栋内全体业主确定加装电梯后，各方还需要召开方案听证会。听证会不仅要明确加装电梯的方案，还要明确后期维修保养方案，这是因为加装电梯作为一项系统性工程，竣工验收后仍要面临后期的维修保养和管理问题。虽然电梯公司会对维修保养年限做出承诺，但终有终止维修保养的一天。物业公司作为小区日常管理的公共服务提供方，有义务接棒继续做好电梯维修保养和管理工作，需要在电梯安装前与业主共同商议决定后续涉及的维修保养内容和费用，并写入“三方合同”中。因此，物业公司、电梯公司与业委会一样，都是方案听证会的主角，方案听证会应由三方共同召集。方案听证会邀请拟加装电梯楼栋的全体业主参加，共同明确和表决加装电梯和维修保养方案，列入“三方合同”中，并由居委会邀请社区律师对合同文本进行把关，避免后续产生纠纷。

（三）高度自治，绘就基层治理“同心圆”

既有多层住宅加装电梯的实质是居民自治。在电梯加装的过程中，如何通过党建公转带动社区自转是关键。幸运的是，桥一居民区群众自治基础良好，“楼栋的事党员带头干、大家的事大家商量着办”的理念早已深植于居民心中。

1. 打造核心团队，监管加装电梯的资金

为了有序推进加装电梯工作，每个加装电梯的楼栋都成立了“加装电梯工作小组”核心团队（团队成员人数≥3 人）。在召集小组成员时，党总支会引导楼栋的党员骨干进入小组，鼓励党员发挥表率作用，更好地服务于居民。“加装电梯工作小组”核心团队成立后，负责对后续的加装电梯资金进行管理。加装电梯资金的账户人、持卡人、密码掌管人对动辄几十万元的资金监管起到了非常有效的制衡作用，确保加装电梯工作顺利推进。

2.“电梯达人”涌现，为加装电梯提速铸就更多可能

鼎达小区的尤慧芬老师，在具备加装电梯条件的7个楼栋中入户走访230余次，召开协调会23次，不辞辛劳，不求回报，为鼎达小区成为黄浦区第一个加装电梯全覆盖的小区奠定了基础。老党员吴老师，即使罹患癌症，也仍然奔波在加装电梯的前线，为加装电梯这一“幸福事业”辛苦忙碌两年半。看着吴老师奔波受累，居民区党总支书记不免心疼，她希望吴老师养好身体，注意休息。但吴老师的回答却传达出了他为社区做奉献的坚定，他说：“总有人要去做这件事，那为什么不能是我呢?”

市级劳模曹老师，家住二楼，面对从三楼开始停靠的电梯，他不仅积极支持，而且主动分摊资金。问及他为什么要这样做时，他回答道：“身为老党员，我一路走来几十年，接受党的培养，接受党的教育，在老百姓需要帮助的时候，我要帮大家撑一把。”

还有姚老师，无论刮风下雨，每天都在施工现场监督巡查，及时排除安全隐患，防止施工不当给居民带来不利影响。

每一台成功加装的电梯背后，都有着一群甘于奉献的“电梯达人”，是他们的付出，让加装电梯工作提速有了更多可能。

桥一居民区通过党建引领、民主协商、高度自治，搭建了“党支部—居民业主—物业公司—电梯公司”多方议事定事平台，充分发扬民主、汇集民智，把加装电梯这一惠民工程彻底办成民心所向的工程。截至2020年12月31日，桥一居民区共有9台电梯投入使用，1台在进行施工准备，2台进入规划公示阶段，1台进入行政报批流程，9台进入方案征询阶段，5台提供了意向征询。另有7个楼栋向业委会或居委会提出了加装意向。桥一居民区成了黄浦区第一个既有多层住宅小区加装电梯意向全覆盖的居民区。9台已投入使用的电梯都具有鲜明的“个性”：在加装电梯费用上，有的按面积分摊，有的按户数分摊，有的2楼出资，有的2楼不出资；在电梯外观上，有的电梯内贴满瓷砖，有的电梯内素净一片。还有一台电梯，为照顾2楼膝盖负伤的居民，特意将原方案内设计的坡道改成台阶，为这位居民

留出能够走路的平地空间。这是桥一居民区提倡因地制宜、一梯一策理念的结果，更是民主协商的结果。毕竟，在居民同意的前提下，贴合实际的方案才是最佳的选择。

自从电梯投入使用后，社区内的年轻群体也主动投身社区治理中。年轻居民认为，鼎达小区内黄土裸露严重，颓败的绿化配不上崭新的电梯。于是，他们自发利用双休日开展绿化提升行动，在绿化带种上绿植，为绿化带装上护栏，让“幸福之梯”有“高配版”绿化带相伴。

三、案例小结

加装电梯事关居民的出行，要坚持一梯一策。这是因为每一户居民都是加装电梯的决策者，居民的每一条建议和想法都是加装电梯过程中的考量因素，只有人人参与、人人尽力，加装电梯工程才能顺利完成。在加装电梯过程中，桥一居民区通过搭建协商议事平台，引导居民积极发声、合理表达，使他们从默默关注社区建设向参与实现美好生活转变，把城市建设交给人民，把小区发展的事交给居民，依靠居民、造福居民，实现“居民小区居民管，居民小区为居民”。

案例点评

加装电梯是近年来的热门社区话题，其执行主体是业主，如果只有政府“一头热”，没有居民的同意和认可，一切都是零。本案例有两个亮点：第一，精细化操作。本案例对不同的会议由谁作为召集主体做了深入的分析。每一场会议的召集人，即会议的发起方，是根据不同的会议内容和需求确定的。第二，居民区党总支和居委会的角色定位非常清晰。本案例分析了其在每一个环节要扮演的角色和承担的责任，如提供服务、澄清意向、搭建平台、融入资源。本案例能为基层实践提供切实的指导和借鉴。（夏凌霞　上海市黄浦区地区办原副主任）

案例七："三会"制度在滨江南园邻里自治点建设中的应用

一、背景介绍

卢湾滨江南园小区位于上海市黄浦区龙华东路与日晖东路路口，于2003年竣工，属于龙华居民区内的商品房小区，由1幢28层高层组成。小区共有72户住户，总人口数约为180人，物业管理费1.9元/m^2。与其他商品房小区类似，滨江南园小区同样面临着"陌生人"社区的困扰，邻里关系淡漠，社区归属感缺失。那一扇扇门如同一道道鸿沟，割断了守望相助的美好和比邻而居的欢乐。与此相伴而生的是，居民参与社区公共事务的主观意愿薄弱，因社区公共利益引发的纠纷不断增多，这为居民区开展工作带来了极大的不便。如何引导居民走出家门融入社区，调动居民参与社区治理的主动性和积极性，形成"人人参与、人人负责、人人奉献、人人共享"的局面，破解小区治理中环境脏乱差、安全隐患多、居民归属感弱等难点问题，形成良好的自治共治氛围，是龙华居民区想要探索的方向。

2018年年底，为了实现居民自我组织，汲取居民之智化解公共难题，龙华居民区通过培育自治团队，将"三会"制度与"居民自治金项目化运作"有效结合，为居民议事设立参与机制，根据自治团队需求适时引入社会资源，提升自治团队服务社区的能力，实现社区治理的良性循环与社区内生态、人文的可持续发展。

二、"三会"制度实践

（一）组建自治团队，调动居民自治热情

采用自治金项目化运作的模式带动居民自治的首要任务是物色人选并组建自治团队。前期，居委会以走访和发放招募令的形式，成立了一支由

9 人组成的自治团队，取名为“四叶草环保志愿”团队。自治团队的成员大多是退休的老年人，他们退休后赋闲在家但热心于社区事务。自治团队成立后，为了调动团队成员的自治热情，激发团队成员的内生动力，龙华居民区党总支与居委会通过党建引领，搭建平台，召开了第一次自治团队会议。本次会议由居民区党总支书记主持，旨在向团队成员说明“自治”的理念，引领团队成员在自治的过程中主动站到前台，运用“三会”制度自主解决社区公共事务。当然，虽然居委会和物业公司在此过程中会“退居二线”，但也一直是自治团队强大的后盾，适时为自治团队提供支持。

（二）展开议题征询，明确自治方向

自治团队自治什么？这个问题由居民说了算。为了更好地使自治议题“源自居民”，自治团队联合滨江南园小区业委会在小区内展开了议题征询工作，围绕小区内社会性、公益性、群众性问题进行议题征集。本次议题征询工作的创新之处在于线上线下联动进行，自治团队通过线下走访了解居民诉求，通过建立楼组微信群线上征集居民建议。这一创新行动的目的在于最大限度地扩大议题征询的覆盖面，期冀更多居民能为小区建设出谋划策，同时也为自治团队下一阶段的工作提供方向指引，确保项目开展具有广泛的群众基础。

议题收集完毕后，自治团队自发集结起来，召开了第一次议题征询讨论会。会上，成员们对收集的议题做了进一步的分析，并将议题分类，最终筛选出了居民呼声最高、迫切需要解决的四大治理议题，即车辆无序停放、黄土裸露、垃圾分类、改造废弃安保室。

（三）引入社会组织，提升自治能力

项目是分析问题和解决问题的重要载体。四大议题经由议题征询工作产生后，将借助自治金项目的形式予以处理。其中必经的一步就是撰写自治项目申请书，以获取相应的资金支持，为项目运行提供经费支撑。鉴于项目申请书的撰写具有一定的专业性，居委会与自治团队并肩作战，合作完成自治项目申请书的撰写。为了提升自治团队的自信心，居委会特意邀请了专业社会组织为自治团队成员举行自治金项目申请培训会。培训会现场，指导老师结合前期议题征询的结果展开专业讲解，从立项背景、项目时间、项目目标、实施计划、预期成效和项目成果6方面指导自治团队撰写项目申请书。其实，项目申请培训会也是项目共创的过程，在培训老师的启发和引导下，通过民主协商和集思广益，自治团队确立了项目申请四大目标和六大成效。四大目标直接与议题征询环节筛选出的四大公共议题挂钩，分别是提升垃圾分类治理效果、整治常年裸露的黄土、解决车辆无序停放问题、改造底层废弃安保室。

（四）项目稳步推进，难题逐个破解

1. 深化垃圾分类工作，共建绿色家园

2019年年初，上海市掀起了一股垃圾分类热潮，打响了垃圾分类"攻坚战"。当时滨江南园小区居民在垃圾分类方面存在概念模糊、意识薄弱等问题，垃圾混装、混投问题突出。垃圾分类亟待创新工作方式予以推进。为了营造人人关心垃圾分类，积极践行垃圾分类好习惯的社区氛围，居委会循序渐进、多措并举、多方发动，扎实推进垃圾分类工作。

首先，由居委会牵头，以党员和楼组长为辐射点，召开"龙华居民区创建全国文明城区暨垃圾分类动员大会"。随后，居委会又召集垃圾分类专管员、居民代表、物业代表召开"垃圾分类培训会"，使各责任主体深入了解垃圾分类知识，树立环保意识。为了实现分类宣传全覆盖，有效推进垃圾分类工作，社区热心人士齐上阵——楼组长负责入户宣传垃圾分类并发放"垃圾分类三件套"，小小志愿者满怀热情地向居民讲解垃圾分类小知识，垃圾分类志愿者井然有序展开排班值守工作，以此实现源头自觉分类、末端有效监管。随着垃圾分类工作的有序推进，小区内基本上形成了全民参与垃圾分类的局面。

第一，召开"垃圾分类"协调会，提高垃圾分类纯净度。

2019年5月19日，"滨江南园自治家园"微信群消息不断，不少居民在群内热火朝天地讨论着垃圾分类工作。自治团队成员趁机在群内呼吁大家正确分类垃圾：

“餐巾纸和牙签是干垃圾，大的猪牛骨也是干垃圾，请大家不要扔错了。”

“牙签和餐巾纸确实容易混装到湿垃圾袋中，请大家多加留意。”

自治团队成员认为，由于干湿垃圾很难做到滴水不漏地细分，牙签、餐巾纸均混装在湿垃圾袋中的现象十分普遍，致使垃圾分类工作在实现全民参与的背景下效果仍不尽如人意。为此，自治团队召开了“垃圾分类”专题协调会，就如何提高垃圾分类纯净度展开协商。会上，自治团队成员老陈提出了自制垃圾干湿分离器的想法，这个小妙招得到了与会各方的认可。于是，老陈秉持环保理念行动起来，在业余时间，他利用居民装修时剩余的废弃木材自制了干湿分离器。在居委会的支持下，老陈的干湿分离器正式投入使用。居民在倒湿垃圾时需要先破袋，将湿垃圾倒在干湿垃圾分离器平板上，如果还夹杂着干垃圾，老陈就让居民把干垃圾及时取走，进而实现正确分类。

看似不起眼的干湿分离器，其实起到了宣传教育的作用，引导居民正确投放垃圾。在干湿分离器的辅助下，居民投放干湿垃圾时更方便了，社区垃圾分类的纯净度也提高了。老陈的干湿分离神器也因此在《新闻周刊》上“火”了一把，被央视和多家媒体报道，并在龙华居民区 3 个垃圾房内试用。

第二，召开“垃圾分类”评议会，提出源头分类减量。

干湿垃圾分离器投入使用一段时间后，居委会约请居民代表、业委会主任、物业公司经理、自治团队成员参与“垃圾分类”工作评议会。会上，物业公司经理围绕垃圾厢房管理做了工作汇报，并亮出了开展垃圾分类工作以来干湿垃圾日均桶装数——干垃圾日均 3 桶，湿垃圾日均 1 桶。但此前未施行垃圾分类时的日均桶装数也是 4 桶。居民代表发表评议时认为，垃圾分类工作前期宣传到位，分类“神器”辅助有功，分类效果逐步显现，但是垃圾排放量与此前无异，未实现源头分类减量。

如何将垃圾分类工作往前推进一步、深化一步，实现源头减量？龙华居民区党总支带领自治团队，前往垃圾分类示范点参观学习。在汲取了先进经验后，经过民主协商，居委会决定从自治金项目中划拨经费购置堆肥桶，实现垃圾源头减量，将厨余垃圾"变宝"、循环利用，打造便民、利民的"绿色生态循环链"。但堆肥桶怎么使用呢？居委会决定邀请一位专业人员，为自治团队介绍堆肥桶的使用方法。堆肥桶正式投入使用后，居民们纷纷将自家的蔬菜果皮"贡献"出来做堆肥辅料，希望它们能变身为地球上最清洁、最低耗和最宝贵的"新能源"，用于小区绿植养护。

在居民的全新演绎下，滨江南园小区的垃圾分类工作向纵深推进。为了保持居民和志愿者的参与热情，龙华居民区党总支设置了一系列激励机制，如制定绿色账户激励制度、定期召开垃圾分类志愿者表彰大会等，以实现内部激励。

2. 整治裸露黄土，共筑一方美好

从前，居民走进滨江南园小区，花草颓败一地的景象立刻映入眼帘。这里本是一个小花园，却常年黄土裸露，成了各类植物的终结之地，也成了居民的"心病"。为了给小区增添一抹亮色，龙华居民区在党建引领下充分发挥居民自治功能，与自治团队合力治"心病"，但多次协商后仍没有实质性突破。一位社区在职党员的出现，让一切有了转机。他指出，土壤是问题的根源，补种绿植治标不治本，首要任务是解决土壤问题；土壤问题解决后还要打造一个花架，避免嵌入的泥土被雨水冲走；花架打造好后再考虑补种花卉、绿植。此番提议后，自治团队计划进行实地勘察，以确认土壤是否真的有问题。

原来，小区黄土裸露的根本原因在于现有土壤有一层石灰土，导致绿植一直无法存活。原因明朗后，自治团队邀请居民区党总支、居委会和为整治黄土裸露建言献策的那位社区在职党员一起召开了"整治裸露黄土"协调会。经过民主协商，会议决定发挥党总支整合资源的优势，实现治理主体和治理资源的有效联结，解决土壤和绿植问题。协调会结束后，一场由居民区党总支牵头、社会资源参与、居民自治打造的治“心病”工作拉开了序幕。

第一，发挥党建引领作用，积极协调社会资源。

要解决土壤问题，哪里土壤最多呢？四季风景秀丽的南园公园遍地皆是土壤。龙华居民区党总支与共建单位南园公园取得联系，提出了社区治理资源缺乏的问题。得知此情况的金锐公司秉持推进共治共享的理念，隔天便送来了两卡车土壤用于小花园改造。土壤有了，绿植、花卉上哪找呢？五里桥街道社区基金会正好扶持了一家公益花店，花店货源大部分来自辖区环保志愿服务基地。于是，居民区党总支与公益花店进行了沟通协调。公益花店秉持反哺社区的理念，免费为小区捐赠了鲜花、绿植。

第二，居民动手齐参与，裸露黄土换新妆。

社区一位在职党员，从“创全”期间整理楼道时清除的废弃木板中挑出可用材料用于自制花架，在自治团队成员的配合下，顺利完成了切割、测距、拼接全过程。在土壤、绿植、花卉、花架一应俱全的前提下，自治团队的成员们也开始忙碌起来，其他居民也热心参与其中。他们将石灰泥土挖出，将新土壤嵌入绿化带。进入花卉种植环节后，居民区党总支特意邀请了一位专业人员手把手教成员识别花卉以及种植方式。在大家的共同努力下，裸露黄土不见了，这里生机再现。为守护这一方美好，堆肥桶产生的有机肥料被运用于小花园后续的养分补给与维护中。这样既有利于净化环境，也缔造了美丽家园。

一段时间后，小花园开始“脱妆”，部分植物还是出现了枯萎的迹象。于是，自治团队自发打造了 3.0 版本的小花园，由居民自主将家中的花卉移种至小花园内，并插上花牌由自己负责养护。至此，黄土裸露难题终于得到解决。

针对此次打造小花园行动，居民区党总支牵头召开了现场评议会，邀请自治团队成员、前期参与小花园打造的热心居民和党员参与。评议会现场被一张张灿烂的笑脸点亮，小花园生机再现，也终于治好了居民的“心病”，获得了居民的好评。此次行动不仅解决了黄土裸露问题，也进一步释放了居民自治的热情，带动了更多居民参与小区治理。

3. 聚焦无序停车，共除安全隐患

滨江南园小区内有部分居民为图一时之便，将自行车或电瓶车等无序停放在楼道与健身区，妨碍其他居民的出行以及使用健身器材，也带来了安全隐患。自治团队针对这一问题展开了调研和分析。部分居民还提出了一个比较集中的诉求：小区内肆意疾行的快递和外卖车辆，严重影响了小区的正常秩序，让原本因机动车辆停放变得狭窄的小区道路更加拥挤，并将儿童和老人置身于危险的环境中。为解居民之忧，自治团队牵头召开了协调会，邀请了居民区党总支、居委会、物业公司经理参与其中，就解决以上问题提出意见。最终，大家就"疏、通、堵"方案达成了共识。

第一，满足刚需，实现"疏"的目标。

随着小区内非机动车的增多，智能充电桩成为小区的刚需。自治团队成功联系到一家公司，免费为小区安装智能充电桩。物业公司也表态，在智能充电桩投入使用后，将不以营利为目的，只向居民收取电费，一元钱就能将电瓶车充满电。这一模式让居民得了实惠，部分居民自发将非机动车停放在车棚，解决了部分无序停车问题。

第二，合理规划，达到"通"的效果。

针对外卖和快递车辆在小区内疾行的问题，物业公司负责在小区门外增加划线区域，外卖和快递车辆一律停放在划线区域内。保安则负责加强管理，禁止外卖和快递车辆进入小区，以保障儿童老人在小区内安全出行。一旦发生纠纷，居民或物业公司可通知居委会，由居委会进行沟通疏导。

第三，增设活络装置，添加"堵"的环节。

自治团队在讨论楼道内无序停车问题时指出：无障碍通道本是为老人、儿童和残疾人等设计的自主安全通行道路，而在现实生活中却为电动车"进楼入户"开了绿灯，成为居民在楼道内私拉电线充电的助推器。为了阻止电动车"进楼入户"，大家一致认为，应该在无障碍通道上增设活络装置，以安装地锁的方式为电动车进楼入户添"堵"，物业保安则提供24小时开锁服务，以便让轮椅、推车可畅行无阻。

为了减少增设活络装置的阻力，自治团队在居民区党总支的引领下，与居委会一同展开了线上线下同步解释工作，获得了绝大多数居民的认可。对于部分仍执意要在楼道内充电的居民，则邀请社区民警上门宣传，告知其相关法律法规，让居民知晓在楼道内充电是违章的、危险的。经过这一番操作，电动车进楼入户问题得到了解决。意外之喜也随之降临，楼道堆物问题在一次集中整治后，实现了持续性零堆物。

趁着此次治理的余热还未散去，居民区党总支和居委会抓住时机，结合文明创建、垃圾分类、车辆停放、楼道堆物等拟定了楼道公约，希望在小区居民共同遵守、互相监督之下，自主约出楼道文明，共享和谐家园。

第四，打造住户手册，营造有序社区。

虽然已经有了基本的楼道公约，但有居民提出，如果在楼道公约的基础上制作一个更为详细的住户手册，来保障住户的共同利益，也让住户们相互监督，效果可能会更好。但怎么制作住户手册呢？专业的事应该交给专业的人做，居委会邀请了一家专业社会组织介入，为自治团队成员、居民开展住户手册培训会，协助他们搭建住户手册框架。框架内的具体内容则通过民主协商、集思广益、共同参与的形式由居民自己讨论。为了避免住户手册触及法律问题，居委会还邀请了专业律师把关。在大家的共同参与下，住户手册制作完成，内容涵盖居民议事流程、相邻关系处理等不同主题，并由居委会发放给每户家庭，以此加强和巩固居民区的文明之风。

4. 改造废弃安保室，共奏睦邻新乐章

滨江南园小区底层的安保室，由于物业缩减成本，常年呈废弃状态。墙体发霉，墙皮脱落，脏乱不堪，居民提出改造之需。如何让这个废弃已久的安保室华丽转身？居民区党总支牵头召开了听证会，以倾听民意民声。会上，各方就安保室功能性改造达成了共识，计划将其打造成小区睦邻点，以凝聚居民群体，促进邻里交流，构建“熟人”社区。但具体由“谁”来负责改造呢？有人提出包给施工队来改造，但遭到了其他居民的反对，理由在于包给施工队成本过高，自治金项目经费不足以支撑这笔开支。有些居民因此望而却步，衍生出放弃改造的想法。

“别改造了，成本太高了。”

“是呀，我们的自治金就1万元，根本不够。”

“材料倒是不贵，主要是现在人工费太高，雇工人600元一天，这点自治金不够用。”

第一，现场协调会：共商共议，跨越资金不足障碍。

困则思变。居委会组织了更多居民召开现场协调会，希望跨过资金不足的阻碍，将居民期待的睦邻点变成现实。会上，居民区党总支书记表达了自己的想法：居委会负责购买材料，居民自己动手改造，以缩减人工成本。与会居民对此方案无异议。在进行现场勘察后，由党员带头，居民们纷纷拿出了自己家的工具，开始了改造工作。在改造现场，大家分工合理，各尽其能，完成了配制涂料、铲除旧墙、内部修缮和墙贴装饰等一系列工作，齐心协力将安保室装饰翻新。

第二，推出“旧物新生”活动，用闲置物品扮靓睦邻点。

硬装完工后，废旧的安保室变身为居民的睦邻点。但是，睦邻点内的软装潢怎么做呢？居委会与自治团队协商后，决定推出“旧物新生”活动，参与活动的居民主动捐赠家中的闲置旧物，居委会以新垃圾桶作为回馈，以表达对居民的感谢。一位居民说：“我家有套书，放在家里也是放着，放在睦邻点还能与大家共享，挺好的。”另一位居民说：“我去睦邻点看了一下，那个墙面看着空荡荡的，我家画卷多，家里也挂不下，你们拿去好了。”居民们纷纷拿出了家中的闲置物品，用于装饰共享空间，扮靓睦邻点。

在居民的共筑下，睦邻点硬装软装皆大功告成，废弃安保室实现了华丽转身，但睦邻点的“名称”还未确定。经过民主协商，大家一致同意将睦邻点命名为“南园温馨屋”。居委会还特意邀请了小区内的书法能人为温馨屋题字，并用自治金打造了铜字门头。

第三，现场评议会：拓展服务功能，让温馨屋更暖心。

“南园温馨屋”运营一段时间后，居委会又召集居民开展了现场评议会，以充分听取居民的意见和建议，打造更加暖心的温馨屋，奏出更美妙的睦邻乐章。评议会上，有些居民对温馨屋的打造表达了肯定：

“温馨屋的改造为小区居民搭建了一个很好的交流平台，不仅增进了邻里间的关系，许多小朋友闲暇时也能聚到一起。”

也有居民提出了建设性的意见，为“南园温馨屋”的功能再提升提供了方向：

“我们的温馨屋，硬件软件都齐了，但是功能还有待提升。我发现有些小朋友早上起来急急忙忙，出门会忘戴红（绿）领巾，再上28层高楼去拿又怕上学迟到。我觉得小屋可以备一些红（绿）领巾，供有需要的孩子临时使用，放学后再归还。”

“有些年纪大点的居民患有高血压，小屋可以放一个血压测量仪给大家量血压。”

“温馨屋打造好了，但走进屋内大厅的时候，总感觉空空的，缺少绿植美化。”

自治团队根据这些中肯且具有可操作性的提议，对“南园温馨屋”进行了功能提升，拓展了温馨屋的服务范围，让“南园温馨屋”更加温暖人心。

此外，还有居民提出将温馨屋打造成宣传社区工作的新阵地：

“‘南园温馨屋’是小区居民的公共客厅，可以在通行醒目处装一台多媒体设备，以声音、图像的形式来宣传社区工作。”

这一提议得到了大家的认可，居委会便将购置多媒体设备提上了日程。但资金不足的问题再次出现，自治金在购买堆肥桶和打造温馨屋后所剩无几，欲申请政府采购却因流程原因无法实现。于是，龙华居民区党总支转变工作思路，联合共建单位绿地金融投资控股集团党支部实现了"共驻共建、资源共享"，获得了绿地金融投资控股集团的多媒体设备赞助。为感谢共建单位绿地金融投资控股集团的慷慨相助，居民区党总支组织了一场捐赠仪式，以表达对共建单位的衷心感谢。

2020 年，突如其来的新冠疫情席卷全球。为了打赢这场阻击战，守护好疫情防控的最后一道防线，温馨屋内的多媒体设备化身为疫情防控宣传的使者，宣传疫情防控的各项规定和安全知识，播放党员自制的疫情防控宣传片，护卫居民健康。

三、案例小结

通过培育自治团队，将"三会"制度与"居民自治金项目化运作"有效结合，滨江南园小区呈现出了别样的自治风采，更带来了许多意想不到的惊喜。第一，吸引了更多生活在社区中的居民参与社区治理。比如，自治小花园项目吸引了一位在职党员。他来自武汉，租住在滨江南园小区。平日里就喜欢侍花弄草的他主动来到居委会，向社区工作者表达了在小区内打造小花园的想法。在居委会的允许下，他自主出资，亲手打造了一个社区共享的小花园。第二，小区变身为参观学习点。自治金项目达到预期成效后，龙华居民将项目实施的全过程制作成微信推文进行广泛宣传，获得了广泛的社会关注。

中共十九届五中全会把"坚持人民当家作主，发展人民民主，密切联系群众，紧紧依靠人民推动国家发展"，作为国家制度和国家治理体系显著优势的重要组成部分。"三会"制度构建起了一个相互关联的"闭环"，有效激发了基层党组织引领的群众自治活力，在居民区党总支和居民自治之间实现了互联互动、同频共振，推动了广大居民有序、高质量地参与社区公共事务的决策和管理，参与社区建设。在此过程中，群众成为议事的主角，真正实现了“群众的事群众商量着办”。在创造幸福美好生活的同时，也优化了社区治理中居民自治的可行路径，为居民自治提供了更多可能。

案例点评

本案例以自治金项目为载体解决社区治理难题，呈现了自治金项目运转的三大要素：第一，培育了居民自治团队，以团队自身的力量推进项目的有序运转。第二，在项目目标的驱动下，自治团队适时娴熟地运用“三会”制度，搭建协商议事平台，调动居民的参与热情，用制度、程序和协商的实践保证了居民群众在日常政治生活中的权利实现。第三，在资源不足导致问题解决受阻的情况下，调动来自社区基金会、共建单位的资源，促进问题的顺利解决，并将成果展示出来，让大家拥有价值感和认同感。此外，本案例也是“参与式治理”模式的生动实践。（唐有财　华东理工大学社会与公共管理学院教授）

案例八：“三会”制度在蒙自小区拆违调处中的应用

一、背景介绍

“你是新来的书记啊，人倒蛮高蛮年轻的，长得也不错。但长得好看没啥用，你有本事就帮我们把那几个‘蒙古包’端掉。那几个蒙古包，天天有人搓麻将到两三点，吵得不得了，搞得我们都没睡过一个安稳觉。”上海市黄浦区五里桥街道斜土路486弄小区居民张阿姨来到居委会倒苦水。原来，蒙自小区内有一处300多平方米的公共用地，被搭建成了6个大小不一的“蒙古包”，小的只有几平方米，最大的“连体蒙古包”有200多平方米。这些隐匿在居民区深处的“蒙古包”，是个别小区居民用破旧的油毛毡、铁架子和废木框违建而成的棚子，因外表形似蒙古包而得名。在“蒙古包”内，一台台自动麻将机每天“服役”到半夜三更，麻将声、吆喝声甚至吵架声不断。更让周边居民无法忍受的是，到“蒙古包”打麻将的人到处乱扔烟头，甚至随地大小便，导致周边居民即使在三伏天也不敢开窗通风。

“蒙古包”成了小区的卫生死角、安全死角，也成了扰民重地。周边居民深受其扰，苦不堪言，强烈要求尽快摘除这颗“毒瘤”，还大家一个正常的生活环境。但多年来，有关部门与“蒙古包”主人展开了一场旷日持久的拉锯战，“蒙古包”却总是“春风吹又生”，并且愈演愈烈，情况日趋严重。究其原因，部分居民家中生活困难，为了生计搭建并经营棋牌室以补贴家用，另有少部分居民看到他人搭建后受罚成本低也纷纷效仿。面对行政执法力量劳而无功和违章居民的有恃无恐，以及周边居民强烈的拆违呼声，新上任的居民区党总支书记带领着居委会班子，转换工作思路，巧用“三会”制度，凝聚起共同推进拆除“蒙古包”的共识与合力，彻底消灭了“蒙古包”这一棘手顽疾。

二、“三会”制度实践

（一）多轮听证：凝聚民心共治理

要彻底摘除“蒙古包”这颗“毒瘤”，防止回潮是关键。但为什么行政执法力量介入后没过多久，违章居民又开始搭建了呢？哪种方法才能彻底断了他们“卷土重来”的念想？居委会为一探究竟，在小区内进行了走访。原来，在“蒙古包”拆除后，300 多平方米的公共用地无人管理且未作他用，为“蒙古包”回潮提供了可能。每次集中整治之后，违章居民见风头一过，又无人举报，便开始了新一轮的违章行动。居民区党总支书记思考再三，下定决心：“将这 300 多平方米的空地利用起来，让‘蒙古包’无处可栖。”

但这块公共用地如何利用呢？既然是公共用地，要怎么利用还是得由居民自己说了算，让居民自己提意见。与其居民一个个跑到居委会来倾诉，不如找个时间把他们都召集起来开个会，集中解决这个棘手问题。

打定主意后，居民区党总支和居委会行动起来，利用社区治理的法宝——“三会”制度，向周边受影响最大的几个楼栋的住户发出了听证会邀请。但周边居民大多是上班族，白天没有时间参会。为了吸引更多的年轻人参与听证会，最大限度地吸纳居民的意见，体现居委会拆违的决心，居委会特意将听证会安排在晚上进行。2015 年 12 月 16 日晚上 8 点，听证会如期举行，除最大的“蒙古包”主人未参加外，周边一直深受其扰的 41 户家庭均有代表参加。

此次听证会主要有两项议程：第一项议程是由居民表决是否同意集中拆除那些违章搭建的“蒙古包”。此项议程的结果在意料之中，居民一致要求彻底摘除这些困扰他们已久的“毒瘤”。第二项议程是由居民围绕“拆除‘蒙古包’之后，留出的空地应如何使用”这一问题进行提议。这一刻，大家的话匣子都打开了。

“像我们这类老旧小区，都存在停车难问题。这块空地可以用来建停车场，给大家停停车。”

“我家有三辆电瓶车，建个非机动车棚好了，里面再装个智能充电桩。”

“可以在这里种点花花草草，打造一个小花园，美化一下我们的小区。”

“造个漂亮点的小亭子，老年人可以在里面坐一坐。”

“建成健身园，大家都可以用。”

……

大家各抒己见，一时无法达成共识。既然一次会议决议不了，就多开几次会，但由于时间问题很难再次将大家全部召集起来。在居民区党总支书记的引导下，居委会改变工作方式，开展书面听证，将第一次听证会上大家的提议进行梳理，并印制成简单明了的征询表格发放到每家每户，让居民勾选自己同意的方案，并由居委会统一回收汇总，选出投票数最高的那项进行实施。

书面征询有一个值得注意的问题：家中有非机动车的居民一般倾向于选择建造智能非机动车棚，有车一族一般倾向于勾选建设机动车停车场……如果大家都按照自己在听证会上的提议来勾选方案，书面征询便无任何意义。因此，书面征询工作并不只是简单地发放征询表。居委会工作人员在发放征询表的同时，还要积极做好引导工作，对居民所选方案进行客观分析。例如，针对选择建成智能非机动车棚的居民，告知其后续没有专人看管，非机动车容易被盗，停放在付费的停车库更安心；针对选择建成机动车停车场的居民，向其表明建成后停车位有限容易引发邻里矛盾；针对希望建成小花园的居民，告知其花草需要人维护，但后期没人维护，若有人乱扔垃圾、随地吐痰，反而更加脏乱……以此引导居民勾选一两个备选方案。

经过一轮书面听证，意见相对集中于建设健身园和小花园。于是，居委会召集居民召开了方案听证会，以寻求平衡点，让各方满意。在方案听证会上，居民区党总支书记围绕“两种方案的可行性”进行了分析：如果建成健身园，健身器材可由黄浦区体育局免费提供，后续维护保养也由黄浦区体育局负责，对于居民区而言省钱省力；如果要打造成小花园，需要由居民志愿者进行绿化维护。起初，建造小花园成了大部分居民赞同的方案，有些居民还兴趣高昂地说要发动楼道里的党员一起维护。但是小花园的维护是个持久的工作，真正需要的是大家的坚持，而非一时的热情。当居民区书记问及居民能够坚持多久时，居民都沉默不语。最终，经过表决，居民一致同意将300多平方米的公共用地建设成健身园。听证结果经公示后，居民无任何异议。

经过多轮听证，部分旁观的居民也开始对居委会产生了信任：

> “看来，居委会这次要动真格了，一开始要我们开会，后来还给我们发征询表。以前哪有这一套一套的工作流程。”

拆除“蒙古包”计划赢得了众多居民群众的拥护和支持，加上有街道各职能部门和相关政策作为后盾，居委会在此次拆违工作中信心倍增，底气也更加足了。

（二）民主恳谈：抗拆态度逐渐软化

在拆违计划得到众多居民群众拥护的基础上，居委会开始全力实施，并运用民主恳谈的方法，说服“蒙古包”主人配合拆违。有的小“蒙古包”的主人态度强硬：“搭‘蒙古包’，我不是第一家，居委会如果有真本事，把最大的先拆掉。如果搞不定最大的，就不要来找我。”

也有一些小的“蒙古包”主人态度鲜明：“只要最大的拆了，我们也跟着拆。”

由此可见，所有的矛头均指向了最大的“蒙古包”。其实，他们心里面都有自己的“小算盘”：最大的蒙古包“存活”了十几年，哪有那么容易拆掉；大的“蒙古包”拆不掉，小的“蒙古包”自然就能“存活”下来了。被推到风口浪尖的居委会，也因此找到了拆违的突破口——先啃硬骨头，说服最大的“蒙古包”主人配合拆违。

在入户恳谈之前，居民区党总支书记对最大的“蒙古包”主人及其家人做了基本的了解。原来，最大的“蒙古包”主人是四川嫁到上海的外来媳，从事超市理货员工作，其丈夫待业在家，公婆卧病在床，孩子刚上小学，家庭条件比较拮据，搭建“蒙古包”开棋牌室主要是为了补贴家用。居民区党总支书记第一次入户时，还未开口，女主人便直接挑明：只要居委会敢动她家的“蒙古包”，她将以命相要挟，并将家中卧病在床的老人用轮椅直接推到居委会门口。好在居民区党总支书记做足了心理准备：十几年的“顽疾”不是一朝一夕就可以根治的，慢慢攻关，总有解决的时候。居民区党总支书记抱着这样积极的心态，多次寻找合适的时机与女主人聊家常，并且始终坚持一个原则：在时机未到之前，绝口不提拆除“蒙古包”一事。

直到有一天，女主人在谈话途中递了一支香烟给居民区党总支书记，这让他看到了更多的希望。一支香烟传递出了友善的信号。于是居民区党总支书记开始有计划、有针对性地与女主人展开恳谈工作，将其家庭的实际困难与居委会能够提供的援助有机匹配。女主人家庭经济拮据的原因主要包括：丈夫待业在家，没有收入来源；公婆卧病在床，医药费用高昂；自己收入微薄。居委会能够提供的帮助主要包括：落实就业援助政策，协助女主人的丈夫找一份工作，帮助女主人物色一份合适的兼职工作；落实临时帮困政策，协助女主人的公婆申请临时帮困资金。

此外，居民区党总支书记也将开棋牌室对孩子学业的不良影响纳入谈话范围。经过近半年的拉锯式协商与沟通，女主人终于愿意配合居委会拆除"蒙古包"。由此可见，对于家庭实在有困难、需要靠违章搭建解决生活问题的居民，不仅要与其建立相互信任的关系，还要采取一定的措施，解决其面临的生活问题。这是"蒙古包"女主人愿意配合居委拆违的主要原因。

2016 年 4 月 25 日下午，众人期盼的拆违工作终于拉开帷幕。这一天，街道职能科室、相关所办集体出动，协助居民区党总支和居委会进行拆除工作。随着占地 200 多平方米的"蒙古包"被拆除，其他几个小的"蒙古包"主人见大势已去，早就把东西搬空了。"蒙古包"拆除后，墙后那块被遮挡了十几年的铭牌也终于"重见天日"。

（三）组织协调：施工阻力逐步排除

拆违工作结束后，为了防止回潮，拆后重建工作刻不容缓。居委会召集了周边几个楼栋的居民召开了"健身园设计方案听证会"，确定了健身园设计方案。为了防止有人用雨棚将器材围起来再次搭建"蒙古包"，居委会选择了部分大型的健身器材，并在空地上设计了鹅卵石步道，在靠小区围墙处设计了可供休息的大理石凳子；为了避免居民在石凳上休息时淋雨，还特意在石凳上方设计了雨棚装置。设计方案经公示后未收到异议。随后，居委会通过街道找来了施工队伍，制订施工方案，报价、报批、审核、进料、开工等一项项工作按部就班、紧锣密鼓地进行着。但正当施工进行到一半的时候，最大"蒙古包"的女主人提出坚决不同意在她家楼下安装雨棚，并与邻居、施工队发生了激烈的肢体冲突。矛盾再次升级，改建工程也被迫暂停。

对此，居委会搭建协调平台，召集最大"蒙古包"的女主人和与其发生冲突的邻居们召开协调会。在协调会上，居委会代表首先声明，此次协调会，大家要本着就事论事的原则，不互相谩骂，不人身攻击，以确保协调会顺利推进。随后，女主人发表诉求，对为何反对在她家楼下安装雨棚做出解释。她家住在二楼，如果按照最初的设计方案，雨棚的安装位置令她感到担忧。这是因为在白天，她家只有两个卧病在床的老人，万一有小偷顺着雨棚架子潜入她家，损失可想而知。这个理由确有道理，但邻居们没有一丁点儿退让的意思，坚决要按照原计划安装雨棚。

正当双方僵持不下的时候，居民区党总支书记对居民们说道：“之前，大家因她搭建‘蒙古包’而苦不堪言，但现在‘蒙古包’也拆除了，也就没必要闹得太僵。”

随后，他又对女主人劝解道：“老人休息的地方总要装个雨棚的，否则下雨了，总不能淋雨吧。你家中也有老人，你也希望自己家的老人在外面能有遮风挡雨的地方。你说的不安全，确实有这方面的隐患。要不我们再和施工队协调一下，换个地方，不装在你家的窗下，但其他的改建项目是属于全体小区居民的，也不是你一个人可以阻止的，并且建好以后，你也同样享用。”

就这样，“东劝一句，西劝一句”，双方的对立情绪开始逐渐缓和。最终，协调会顺利落幕，工程得以继续推进。由此可见，引导协调会顺利推进，既要善于动之以情、晓之以理，也要抓住居民的实际诉求，找到问题解决的突破口。

（四）现场评议：汇聚民意筑美好

2016 年 6 月，健身园改建项目终于竣工。只见那墙面粉刷一新，鹅卵石步道蜿蜒曲折，新装的健身器材在阳光下熠熠生辉，雨棚在砌筑好的石凳上方安然铺展。虽然地上的水泥还未完全干透，但已经有老年人迫不及待地想进去体验一番了。健身园建设得好不好？是否还有完善的空间？居委会特意选了一个日期，邀请周边几幢楼的居民代表来到这块崭新的健身园召开评议会，请大家一起来评一评。只见评议会现场好不热闹，大家都忙着体验新的健身园。

"真不错，如果鹅卵石步道再长点就好了。"

"书记，这个墙面太空了，可以让物业种点常青藤、爬山虎之类的植物美化一下，会更漂亮。"

"书记书记，这里是不是可以改建一个葡萄架？雨棚太难看了，以后有经费了，帮我们再申请一下。"

…………

对于这些合理的意见，居委会一一采纳。而今，在按照居民意愿修建和完善的健身园里，再也没有人随意搭建"蒙古包"了，曾经的扰民重地成了大家的快乐家园。听到居民们一句句赞扬的话语，看到居民们一张张幸福的脸庞，居委会工作人员在拆违和改建过程中经历的各种艰辛都烟消云散了。

三、案例小结

"蒙古包"是瞿东居民区在党总支的带领下运用"三会"制度破解的第一个大难题。居委强决心，居民增信心。这为随后整治历时10余年的扰民夜排档、2018年美丽家园建设大规模拆违整治的顺利推进奠定了基础。

社区事务处理的成功与否，不仅要看政府职能部门是否支持，还要看是否得民心、汇民意。"三会"制度作为五里桥街道居民区自治的"金字招牌"，为居民区工作得民心、汇民意铸就了更多的可能。它就像日常生活中得心应手的小工具。但需要注意的一点是，工具应该是配合人来更好地工作的，因此"三会"制度从来不是生搬硬套，更不是刻意而为之。

案例点评

发源于五里桥街道的"三会"制度，伴随着我们走过了20多年。到如今，它仍然在时代的烙印里与时俱进，常做常新。实际上，每个时代、每个时期碰到的问题是不同的，这是因为有人的地方就会有矛盾，有社会的地方就会有冲突。在本案例中，我们看到了经验丰富的居民区党总支书记将协商议事和群众工作有机结合。协商议事是通过说理的方式来赢得居民的理解和认可，从而形成共识。因此，思想工作显得尤为重要，居民区党总支运用情理法化解了长期积累的棘手难题，这表明“三会”制度是适应中国本土治理情境和社会结构特点的好制度。（刘方　上海市黄浦区地区办主任）

参 考 文 献

［1］ 中国共产党第十三次全国代表大会文件汇编[M].北京：人民出版社，1987.

［2］ 中国共产党第十八次全国代表大会文件汇编[M].北京：人民出版社，2012.

［3］ 胡锦涛.坚定不移沿着中国特色社会主义道路前进　为全面建成小康社会而奋斗——在中国共产党第十八次全国代表大会上的报告（2012年11月8日）[M].北京：人民出版社，2012.

［4］ 习近平.在庆祝中国人民政治协商会议成立65周年大会上的讲话（2014年9月21日）[M].北京：人民出版社，2014.

［5］ 中共中央文献研究室.十八大以来重要文献选编（中）[M].北京：中央文献出版社，2016.

［6］ 习近平.决胜全面建成小康社会　夺取新时代中国特色社会主义伟大胜利——在中国共产党第十九次全国代表大会上的报告（2017年10月18日）[M].北京：人民出版社，2017.

［7］ 陈家刚.协商民主[M].上海：上海三联书店，2004.

［8］ 陈家刚.协商民主与政治发展[M].社会科学文献出版社，2011.

［9］ ［德］哈贝马斯.在事实与规范之间：关于法律和民主法治国的商谈理论[M].童世骏，译.上海：上海三联书店，2003.

［10］ ［英］安东尼·吉登斯.超越左与右：激进的政治未来[M].李惠斌，杨雪冬，译.北京：社会科学文献出版社，2003.

［11］ ［加］威尔·金里卡.当代政治哲学[M].刘莘，译.上海：上海三联书店，2004.

［12］ ［美］詹姆斯·博曼，威廉·雷吉.协商民主：论理性与政治[M].陈家刚，等译.北京：中央编译出版社，2006.

［13］ ［英］杰弗里·托马斯.政治哲学导论[M].顾肃，刘雪梅，译.北京：中国人民大学出版社，2006.

［14］ ［南非］毛里西奥·帕瑟琳·登特里维斯.作为公共协商的民主：新的视角[M].王英津，等译.北京：中央编译出版社，2006.

［15］ ［澳］何包钢.协商民主：理论、方法和实践[M].北京：中国社会科学出版社，2008.

［16］ ［美］约·埃尔斯特.协商民主：挑战与反思[M].周艳辉，译.北京：中国编译出版社，2009.

［17］ ［美］乔治·M.瓦拉德兹，何莉.协商民主[J].马克思主义与现实，2004(3)：35－43.

［18］ James S. Fishkin，劳洁.实现协商民主：虚拟和面对面的可能性[J].浙江大学学报(人文社会科学版)，2005(3)：22－31.

［19］ 俞可平.协商民主：当代西方民主理论和实践的最新发展[N].学习时报，2006－11－6(6).

［20］ 陈家刚.从协商民主看政治协商[J].中国人民政协理论研究会会刊，2007(2)：30－33.

［21］ 陈家刚.协商民主与政治协商[J].学习与探索，2007(2)：85－91.

[22] 伯纳德·曼宁，陈家刚.论合法性与政治协商[J].国家行政学院学报，2007(3)：109－112.

[23] 唐绍洪，刘屹.在基层治理中实现社会秩序“动态稳定”的协商民主路径[J].社会主义研究，2009(1)：100－103.

[24] 教育部中国特色社会主义理论体系研究中心.协商民主的根在基层[J].求是，2016(1)：45－47.

[25] 陆勇峰.老旧社区人居环境“微更新”的理念创新与规划实践：以上海“美丽家园”建设为例[A].中国城市科学研究会.2019城市发展与规划论文集[C].北京：中国城市出版社，2019.

[26] 陈海燕.制度实践在基层群众自治中的创新探索：以上海市五里桥街道“三会”制度为例[J].中共郑州市委党校学报，2020(2)：37－42.

后　记

党的十八大以来，中央提出要把握完善和发展中国特色社会主义制度、推进国家治理体系和治理能力现代化这一全面深化改革的总目标。社会治理现代化是国家治理现代化的基石，也是彰显社会主义制度优越性的重要内容。社会治理现代化是一个系统工程，包括治理理念、治理体系、治理能力、治理方法和治理技术等多方面的内容。作为一座人口超过 2 400 万的超大型城市，上海一直是精细化治理的典范，特别是在应对新冠肺炎疫情中的治理表现更是得到各界的高度肯定。因此，系统梳理上海的社会治理实践，提炼社会治理的本土经验具有特别重要的价值。从某种意义上来说，这也是讲好社会治理中的中国故事、传播中国声音的重要体现。为了更好地服务社会治理现代化这一国家战略，华东理工大学社会科学高等研究院（以下简称“华理高研院”）联合华东理工大学出版社，依托上海公共经济与社会治理研究中心、社会工作与社会政策研究院、社会工作与社会治理出版中心等高校智库平台，共同发起了社会治理现代化上海实践丛书项目。这一丛书项目致力于记录和挖掘上海社会治理的生动案例，深入分析其学理意义和实践价值，为城市社会治理现代化提供理论支撑。本书是这一项目的首个重要成果。

作为"三会"制度的发源地，上海市黄浦区五里桥街道是全国基层党建、社会治理创新的典范，获得了全国先进基层党组织、全国和谐社区建设示范街道、全国学习型示范街道、全国文明单位等各类荣誉，得到了上级的高度肯定，并形成了"三会"制度等优秀社区工作法等本土经验，为研究者提供了宝贵的素材。2020年，受五里桥街道党工委办事处委托，华理高研院组建团队深入五里桥街道调研，提炼近年来"三会"制度的实践案例，以期为推动上海乃至全国的基层协商民主提供经验参考。本书中的实践案例均是来自黄浦区优秀社区工作者在"三会"制度创新实践教学方面的专题分享，他们用"三会"制度解决社区治理棘手难题，并且善于思考和总结，特别是形成了很多具备操作性和推广性的流程和方法，体现了新时代社区工作者的职业担当和专业能力。

本案例集是黄浦区地区工作办公室、黄浦区民政局、五里桥街道党工委办事处以及华理高研院合作的成果。时任五里桥街道党工委书记沈永兵同志从高度的政治站位来对待"三会"制度总结提炼工作，组织了多次座谈交流会。上海市民政局基层政权建设处金丽慧副处长，黄浦区地区办主任刘方，原副主任夏凌霞，黄浦区民政局副局长朱旻，五里桥街道阮俊副书记、王琳副书记、伊延辉副主任等领导以及上海市委党校何海兵教授、李蔚教授等专家对本次案例的提炼总结给予了细心的指导。本案例集编撰过程中，五里桥街道领导班子也进行了调整，新一届的党工委办事处领导也高度重视本书的出版工作，新任党工委书记曹炯同志围绕如何让老品牌焕发新生命力、如何在传承中创新提出了很多新的思路和建议。在此，笔者代表课题组对上述领导和专家的支持表示衷心感谢。本案例集所采用的案例讲述的是五里桥街道各居民区社区工作者、社区居民、辖区单位以及其他各类治理主体参与社区治理的故事，他们通过理性沟通、开放包容、相互理解等方式来化解社区中的难题，我们对这些"三会"制度的践行者表示尊重和感谢。

本案例集由华理高研院唐有财教授统稿，高研院研究助理方雪完成了五里桥街道“三会”制度发展以及8个案例的撰写整理工作。因时间和能力有限，书中还存在疏漏和不足，也敬请读者批评指正！